„...wie ein Monarch mitten in seinem Hofstaate thront"

Burgen am unteren Mittelrhein

Blick von der Godesburg zur Burgruine Drachenfels – Lithographie von John D. Glennie nach eigener Zeichnung, vor 1849

Alexander Thon · Stefan Ulrich

„…wie ein Monarch mitten in seinem Hofstaate thront"

Burgen am unteren Mittelrhein

SCHNELL + STEINER

Umschlagvorderseite: Burg Rheineck – Luftaufnahme von Südosten, 2009
Umschlagrückseite: Burgruine Andernach von Westen, 2009

Burgruine Drachenfels – Lithographie von [ ] Lemercier nach Zeichnung von Carl J. Billmark, 1836

Bibliografische Information der Deutschen Nationalbibliothek
Die Deutsche Nationalbibliothek verzeichnet diese Publikation in der Deutschen Nationalbibliografie; detaillierte bibliografische Daten sind im Internet über http://dnb.d-nb.de abrufbar.

1. Auflage 2010
© 2010 Verlag Schnell & Steiner GmbH
Leibnizstraße 13, 93055 Regensburg
Herstellung: Verlag Schnell & Steiner GmbH
Satz: Maria Ast, Erhardi Druck GmbH, Regensburg
Druck: Erhardi Druck GmbH, Regensburg
ISBN 978-3-7954-2210-3

Alle Rechte vorbehalten. Ohne ausdrückliche Genehmigung des Verlags ist es nicht gestattet, dieses Buch oder Teile daraus auf fototechnischem oder elektronischem Weg zu vervielfältigen.

Weitere Informationen zum Verlagsprogramm erhalten Sie unter:
www.schnell-und-steiner.de

Inhalt

Einleitung ... 7

Burg und Schloss Ahrenthal (Burg Bovendorf/Bovenberg)	12
Burg Altwied	18
Burg Andernach	26
Burg und Schloss Arenfels	32
Burg Brohleck (Burg Brohl)	38
Burg Dattenberg	42
Burg Drachenfels	46
Burg, Schloss und Festung Ehrenbreitstein	54
Burg und Schloss Endenich	60
Schloss Engers (Burg Kunostein)	64
Godesburg	68
Burg Grenzau	74
Burg Hammerstein	80
Isenburg	88
Burg Landskron	94
Burg Linz	100
Löwenburg	104
Burg und Schloss Namedy	110
Burg Ockenfels (zur Leyen)	116
Burg und Schloss Poppelsdorf (Schloss Clemensruhe)	120
Burg Rennenberg	124
Obere Burg Rheinbreitbach	128
Burg Rheineck	132
Burg Rolandseck	138
Burg Sayn	142
Burg und Schloss Schweppenburg	148
Burg und Schloss Sinzig	152
Burg Wernerseck	156

Glossar	162
Touristische Hinweise	164
Literaturhinweise	173
Abbildungsnachweis	175

Blick von [Bad] Godesberg auf die Godesburg – Lithographie von S[amuel] Prout nach eigener Zeichnung, vor 1824

Einleitung

Schöne Contraste vergnügen hier das Auge; Höhen mit Reben geschmückt, herrliche Gruppen von Bäumen, nackte Felsspitzen, verfallene und ganze Schlösser, und unter diesen die Burg Reineck, die, wie ein Monarch, mitten in seinem Hofstaate thront. Man sieht diese Burg einige Stunden weit, beym Auf- und Abfahren auf dem Flusse, und das herrlichste Denkmal alter oder neuer Kunst kann nicht stärker zu sich einladen.

Als der italienische Abbate (Weltgeistliche) Aurelio Bertola de' Giorgi im Alter von 34 Jahren im Sommer 1787 zu einer mehrmonatigen Reise nach Südwestdeutschland aufbrach, wusste er schon, dass er seine Erlebnisse literarisch verarbeiten wollte. Sein für heutige Verhältnisse abenteuerlicher Berufsweg hatte ihn zuvor aus dem vom Elternhaus vorbestimmten Ordensleben zunächst in habsburgische Militärdienste und dann auf eine akademische Laufbahn geführt, namentlich auf eine Professur für allgemeine Weltgeschichte an der Universität zu Pavia (1784). Währenddessen hatte er sich mehrfach literarisch betätigt und 1779 die erste italienische Geschichte der deutschen Literatur („Idea della poesia alemanna") publiziert, die schon fünf Jahre später unter verändertem Titel („Idea della bella letteratura alemanna") eine zweite, stark überarbeitete Auflage erfuhr. Seine Affinität zur deutschen Literatur war es denn auch, die ihn zu seiner Reise veranlasste, auf der er, wie wir aus fast lückenlosen Aufzeichnungen wissen, in zwei Tagen auf dem Schiff von Mainz nach Köln fuhr. 1795 erschien sein der Frühromantik zuzuordnender Bericht in italienischer Sprache, schon ein Jahr später eine deutsche Übersetzung. Wie das einleitende Zitat belegt, beeindruckte Bertola auf seiner Rheinfahrt insbesondere der Anblick der Burg Rheineck mit der umgebenden Landschaft.

Der heutige Wissenschaftler nähert sich den Burgen am unteren Mittelrhein vergleichsweise nüchtern, ja geradezu unromantisch und muss dabei oftmals einen alles andere als ausreichenden Forschungsstand feststellen. Selbst von der neuesten Überblicksliteratur wird noch immer auf die fast gänzlich vor 1945 erschienenen Kunstdenkmälerinventare zurückgegriffen. Fundierte Einzelstudien von historischer oder kunsthistorischer Seite sind bedauerlicherweise die Ausnahme.

Tatsächlich bietet die behandelte Region mit ihren mittelalterlichen Wehranlagen noch immer ein ertragreiches Betätigungsfeld für sämtliche Wissenschaftsdisziplinen.

Wie bei den anderen Landschaften im heutigen Rheinland-Pfalz weist das untere Mittelrheintal im Mittelalter eine Vielzahl von Burgengründern auf, die sich insbesondere im Spätmittelalter um den Aufbau eines geschlossenen Territoriums bemühten. Am erfolgreichsten waren dabei die Erzbischöfe von Köln, deren recht geschlossener Besitzkomplex um die Burgen Drachenfels, Godesburg und Rolandseck nach Süden hin durch die Anlagen in Andernach und Linz sowie den Neubau von Rheineck erweitert wurde. Gegen diese Expansionsbestrebungen setzte sich vor allem das Erzbistum Trier zur Wehr, das von seiner zweiten Residenz (neben Trier) auf dem Ehrenbreitstein aus über Anlagen wie Wernerseck und Kunostein/Engers nach Norden ausgriff. Demgegenüber war das römisch-deutsche Königtum seit dem Hochmittelalter im unteren Mittelrheintal lediglich noch mit den – allerdings sehr bedeutsamen – Anlagen Hammerstein und Landskron sowie dem noch im 14. Jahrhundert errichteten Sinzig vertreten. Unter den Gründungen gräflicher und edelfreier Familien ragen zunächst die Burgen (Alt-)Wied und Sayn als Stammsitze der gleichnamigen Grafenfamilien hervor, die beide spätestens im 12. Jahrhundert entstanden. Ebenfalls in dieser Zeit lässt sich erstmals die Isenburg im Sayntal mit der dortigen edelfreien Familie nachweisen, deren Angehörige im 13. Jahrhundert Arenfels und Grenzau erbauten und eigene Seitenlinien ins Leben riefen.

Beginnend bei der nach Schriftquellen ältesten belegten Burg am Mittelrhein, dem Hammerstein aus der Zeit vor 1020, von dessen baulichen Resten die fälschlich sogenannte Barbarossamauer aus dem 12. Jahrhundert am bedeutendsten ist, reicht der Altersquerschnitt bis hin zum kleinen, vollständig eingebauten Wohnturm aus dem späten 15. Jahrhundert der Oberen Burg in Rheinbreitbach. Dabei lässt sich vom 12.–14. Jahrhundert eine annähernd konstante Burgenbautätigkeit nachweisen. Erst im 15. Jahrhundert bricht diese Entwicklung mit nur noch zwei Anlagen (Wernerseck, Obere Burg Rheinbreitbach) ab. Ausgehend von polygonalen, dem Gelände angepassten Grundrissen mit einem Streben zum Oval im 12. Jahrhundert, wird die Grundform im 13. Jahrhundert zusehends gleichmäßiger, bis sich im 14./15. Jahrhundert überwiegend regelmäßige Formen finden. Bei älteren Anlagen wird das vor allem durch das Vorlegen von Zwingern bzw. Vorburgen erreicht, wobei Zwinger in der Region schon im 14. Jahrhundert keine Ausnahme mehr sind

Burg/Schloss Namedy von Südwesten, 2010

(Altwied, Godesburg, Landskron). Auch im unteren Mittelrheintal besaßen fast alle Burgen einen Bergfried – im 12. Jahrhundert viereckig, im 13. überwiegend rund. Der fünfeckige Turm des Ehrenbreitstein aus den 1150er Jahren war vielleicht der früheste Turm mit fünfeckigem Grundriss auf deutschem Boden. Einmal mehr fällt die ungewöhnliche Burg Altwied aus diesem Schema heraus, deren Gründungsbau wohl ein längsrechteckiger Wohnbau/Wohnturm war, der später aufwändig umgestaltet wurde. Wohntürme sind im betreffenden Raum im Hochmittelalter grundsätzlich die Ausnahme und kommen erst wieder im Spätmittelalter in Mode (Wernerseck, Obere Burg Rheinbreitbach). Einen gesonderten Hinweis verdienen die Reste der Burgkapellen auf Sayn, Landskron und Rheineck. Letztere ist zwar ein Neubau des 19. Jahrhunderts, hält sich jedoch deutlich an das zuvor abgerissene Original. Am verlässlich datierten Turm des Drachenfels (kurz vor 1149) finden wir mit die frühesten Buckelquader in Deutschland am Mittelrhein. Eine nicht unwesentliche Zahl von Burgen ist völlig verloren (Ahrenthal, Ehrenbreitstein, Engers, Endenich, Poppelsdorf, Schweppenburg, Sinzig) und durch Schlösser, Villen oder gar eine Festung überbaut.

Nach Vorbild der vorangegangenen Publikationen über die Burgen in der Pfalz, an Mosel und Lahn haben sich die Autoren die Bearbeitung der ausgewählten 28 Objekte wie auch der übrigen Texte geteilt: Alexander Thon übernahm die Texte zur Geschichte, die Recherche der historischen Abbildungen, die Bodenaufnahmen und die touristischen

Hinweise, während Stefan Ulrich die Baubeschreibungen besorgte. Alle Objekte wurden 2009 und 2010 wenigstens einmal, die meisten mehrfach aufgesucht. Als Grundriss wurde jeweils der jüngste bzw. treffendste Plan verwendet, wobei für neun Objekte neue Grundrissskizzen sowie für die Obere Burg Rheinbreitbach ein neuer Baualterplan durch Stefan Ulrich und Markus Schindler (Homburg) erstellt wurden. Zu großem Dank verpflichtet sind die Autoren Herrn Robert Peters, Helicolor-Luftbild (St. Augustin/Hangelar), der erneut überaus eindrucks- und qualitätvolle Luftaufnahmen lieferte. Teils bisher unpubliziertes historisches Bildmaterial und Planunterlagen stellten das Stadtarchiv Bonn (Bonn), das Europäische Burgeninstitut (Braubach), das Mittelrhein-Museum (Koblenz), das Stadtarchiv Linz am Rhein in Person von Andrea Rönz M. A. (Linz am Rhein), die Generaldirektion Kulturelles Erbe Rheinland-Pfalz, Direktion Bau- und Kunstdenkmalpflege, dort Bernd Klotz (Mainz), das Fürstlich Wiedische Archiv, namentlich Dr. Hans-Jürgen Krüger (Neuwied), Hans Fichtl (Neuwied), Wolfgang Pierdolla (Neuwied) und die Kreisverwaltung des Rhein-Sieg-Kreises (Siegburg) zur Verfügung. Das Kartenmaterial lieferte erneut freundlicherweise der Landesbetrieb Mobilität Rheinland-Pfalz (Koblenz). Wertvolle fachliche Unterstützung gewährten Frau Jutta Hundhausen M. A. (Mainz) und mit ihren reichen Beständen an Literatur das Landesbibliothekszentrum Rheinland-Pfalz/Rheinische Landesbibliothek (Koblenz). Darüber hinaus wissen sich die Autoren den zahlreichen Burgeigentümern, -besitzern und -pächtern verbunden, die ihre Anlagen ausnahmslos und teils mehrfach für einen Besuch öffneten sowie behilflich waren, nämlich den Damen und Herren Dominik Graf von Spee (Schloss Ahrenthal), Klaus Georg (Heimatverein Altwied – Burg Altwied), Peter Juretzki (Wildkammer Schloss Arenfels – Schloss Arenfels), Ulrich Liebsch (Burg Brohleck), Jürgen F. Wippermann (Burg Dattenberg), Sabine Grap und Silvia Ritter (Schloss Endenich), Ulrike Dittrich (Villa Musica Rheinland-Pfalz – Schloss Engers), Dietmar Spiegel (Burg Grenzau), Matthias Herzog (Freundeskreis der Isenburg e.V. – Isenburg), Cornelia und Uwe Kilian (Burg Linz), Heide Prinzessin von Hohenzollern (Schloss Namedy), Dr. Dietmar Ackermann (Förderkreis Obere Burg Rheinbreitbach e.V. – Obere Burg Rheinbreitbach), Dr. Kai Krause (Burg Rheineck), Kristina Knobloch (Burg Rolandseck), Alexander Fürst zu Sayn-Wittgenstein (Burg Sayn), Karl-Theodor Freiherr von Geyr zu Schweppenburg (Schloss Schweppenburg), Agnes Menacher (Schloss Sinzig) sowie Günther Gries (Heimatverein Ochtendung e.V. –

Burg Wernerseck). Ein besonderes Dankeschön gilt darüber hinaus Giancarlo Cinelli für seinen leuchtenden Stern sowie dem Lahnsteiner Altertumsverein e.V. und seinem Vorsitzenden Hans G. Kuhn (Lahnstein) für die Möglichkeit, ein zum Buch passendes touristisches Begleitprogramm durchführen zu können.

Für die wichtige Arbeit des Korrekturlesens und manche wertvolle Anregung gebührt den Damen Astrid Sibbe (Lahnstein) und Margarete Ch. Thon (Lahnstein) sowie den Herren Dr. Ansgar S. Klein (Königswinter-Oberdollendorf) und Heinz R. Thon (Lahnstein) – letzterem für die Recherche des wundervollen Buchtitels! – ein ebenso herzlicher Dank wie Elisabet Petersen M.A. vom Verlag Schnell & Steiner in Regensburg für ihr gewohnt aufmerksames und verständnisvolles Lektorat. Ohne die problemlose Zusammenarbeit mit diesem Verlag in Person von Herrn Dr. Albrecht Weiland hätte das vorliegende Buch nicht entstehen können. Florian Knörl (Erhardi Druck, Regensburg) und seiner souveränen Umsicht ist das rechtzeitige Erscheinen zu verdanken.

> *Mit so wehmüthigen Gefühlen der Trauer scheiden wir von den alten Burgen und ihren Bewohnern. Ihr Zeitalter ist auf immer vergangen und wir dürfen es nicht einmal zurückwünschen. (...) Doch wir schlagen uns alle schwer- und wehmüthigen Gedanken über die Vergangenheit und alle politischen Sorgen und Grübeleien über die Gegenwart (...) ganz aus dem Sinn, und ergreifen wieder unsern lustigen Wanderstab.*

Diese romantisch angehauchten Bemerkungen, die Ernst Moritz Arndt in seinen 1844 erschienenen „Wanderungen aus und um Godesberg" niederlegte, mag auch der Besucher des frühen 21. Jahrhunderts gern nachvollziehen. Es steht zu hoffen, dass sich das Interesse der Öffentlichkeit wie auch der Burgenfreunde in Zukunft nicht allein dem oberen, sondern verstärkt auch dem unteren Mittelrheintal zuwendet, wo, wie Arndt es an anderer Stelle mit Blick auf die Godesburg beschrieb, noch immer *die Fantasie die Säle und Gemächer der Vorzeit ... hinzudichten kann*. Die vielfältigen Burgen, eingebettet in eine trotz allen modernen Überformungen noch immer reizvolle Landschaft von nicht selten ergreifender Schönheit, hätten es in jedem Fall verdient.

Alexander Thon · Stefan Ulrich

Luftaufnahme von Süden, 2009

Grundrissskizze, 2010

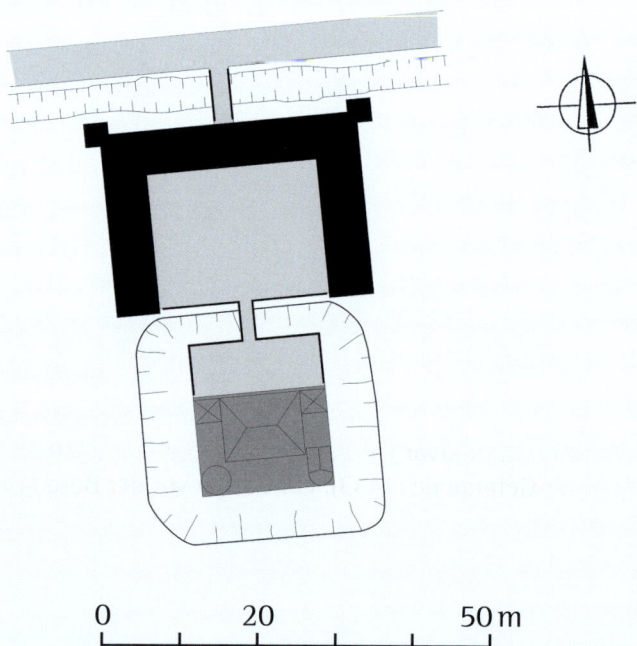

Burg und Schloss Ahrenthal (Burg Bovendorf/Bovenberg)

Die Anfänge des heutigen Schlosses Ahrenthal lassen sich anhand des überlieferten Schriftquellenmaterials relativ gut nachvollziehen. 1331 belehnte Erzbischof Heinrich II. von Köln den Ritter Rollmann von Sinzig mit den Burgen Bovendorf (*Sloß ader houß Boevendorf*) und Dattenberg, wobei Rollmann zuvor das auf seinem Eigengut errichtete Bovendorf dem Kölner Erzbistum aufgetragen hatte. Dass es sich bei diesem „Bovendorf" tatsächlich um Burg Ahrenthal handelte, wird aus einer Bestätigungsurkunde Erzbischof Wilhelms aus dem Jahre 1352 deutlich, in der die Burg *Boeuvenberch, quod nunc mutato priori nomine Arendal dicitur* („Burg in Bovenberg, welche nun mit geändertem Namen vordringlich Arendal genannt wird") erstmals unter ihrer noch heute verwendeten Bezeichnung begegnet.

Bisher unzureichend ausgedeutet, war damit die Ursprungs- und Kernanlage ein kölnisches Lehen. 1336 bewilligte Kaiser Ludwig IV. (der Bayer) dem Heinrich von Sinzig, eine Vorburg (*Vorhof*) mit umlaufender Wehrmauer und einer Zugbrücke (*aufziehende werfenbrugge*) bei der Burg zu Bovenberg (*Bovenberg*) zu erbauen, die Heinrich als Reichslehen empfangen sollte. Eine Verleihung lässt sich aber erst für das Jahr 1356 nachweisen, als Kaiser Karl IV. zusammen mit der Vorburg auch die Gerichtsbarkeit über das Dorf Franken an Heinrich ausgab. Diese Zweiteilung von Burg Ahrenthal – Kernburg als kölnischer, Vorburg als Reichslehnsbesitz – hatte allem Anschein nach Bestand (Lehnsbestätigungen 1364 durch Elekt Adolf von Köln und 1380 durch König Wenzel).

Einzelheiten zur spätmittelalterlichen Baugestalt insbesondere der „obersten Burg" (*oyuerste Burch zo Arendal*) lassen sich aus drei Burgfriedens- und Teilungsurkunden ablesen, die 1430–1437 von den beiden Besitzerparteien, den Herren von Wildberg und der Familie von Ahrenthal, ausgestellt wurden. In diesen Schriftstücken werden unter anderem eine Kapelle (1430), die Brücke (1430, 1433), die Pforte (1430), ein Keller (1433), eine Küche (1433), das Kornhaus (1433), ein Türmchen und davor ein Vorderhaus (1433), das Backhaus (1433), ein Turm für Gefangene (1433), ein Garten vor der Burg (1437), ein Brunnen (1437) sowie als Personal Wächter (1430), Pförtner (1430) und ein

Grabplatte Wilhelm von Hillesheims († 1658), 2009

"Priester" bzw. Kaplan (1433) genannt.

Die zwischenzeitlich mit der Pfandschaft über Sinzig an Kurtrier gefallenen Reichslehnsrechte an der Vorburg wie auch die kölnischen Rechte an der Hauptburg beanspruchten seit dem Aussterben der Familien von Ahrenthal (1512) und Wildberg (1621) die Herzöge von Jülich. 1701–1785 war Ahrenthal dann als ungeteiltes und unmittelbares Reichslehen im Besitz der Freiherren (seit 1712 Reichsgrafen) von Meerscheid, gen. Hillesheim. Von einem 1722 geplanten, großzügigen Schlossneubau konnte nur der Umbau der Vorburg durchgeführt werden, während die Umgestaltung des Herrenhauses unterblieb.

Uber die Schwester des letzten Grafen von Hillesheim, Anna Elisabeth Auguste, erbte 1804 deren Sohn, Graf Carl Wilhelm von Spee, die Besitzungen, die sich auch heute noch im Eigentum der Familie von Spee befinden. Um 1890 wurde das ruinöse Herrenhaus abgerissen und durch den gegenwärtigen, zweigeschossigen Bau im historistischen Stil ersetzt. 1919 blieben nach einem schweren Brand im barocken Wirtschaftshof nur dessen Außenmauern erhalten.

Ältester Bestandteil sind die Wirtschaftsgebäude an der Stelle der mittelalterlichen Vorburg. Im Gegensatz zum nie entstandenen Schloss wurden sie weitgehend getreu dem Gesamtplan von 1722 ausgeführt. U-förmig Richtung Schloss geöffnet und von einem Wassergraben umgeben, darf ihre Architektur als zeittypisch gelten. Lediglich die beiden turmartigen Eckbauten verleihen dem Gefüge einen herrschaft-

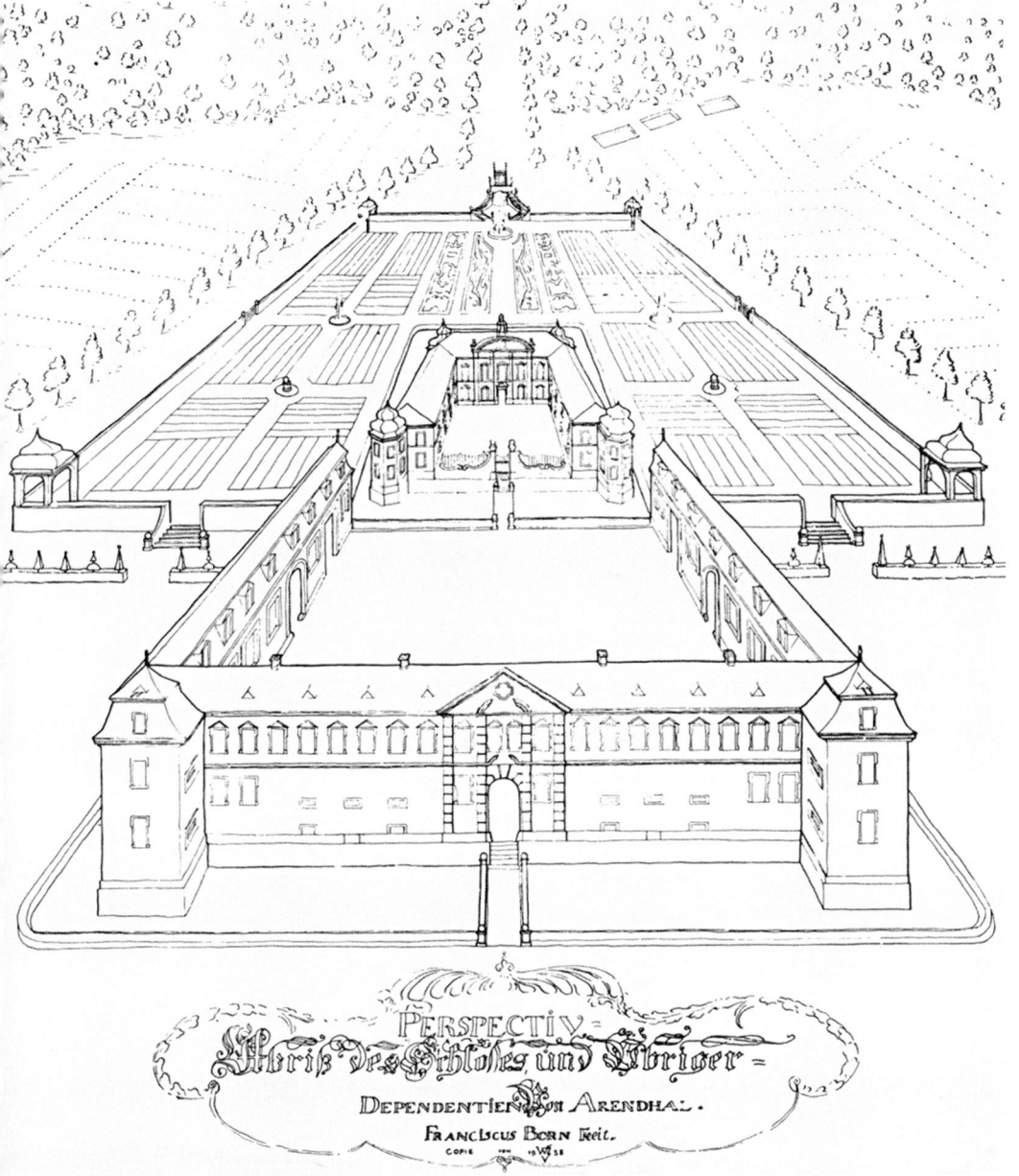

Planungsansicht des (in dieser Form nicht realisierten) Neubaus von Norden von Franz Born, 1722

Ansicht von Osten – kolorierte Lithographie von N.N. nach Zeichnung von Peter Vogel, vor 1873/74

lichen Anspruch. Dass diese zur Not auch Verteidigungszwecken dienen sollten, beweisen die breit gelagerten Schießscharten in den Flanken, welche Richtung Tor orientiert sind. Die Mitte der Außenfront nimmt ein zweigeschossiger Portalbau unter Dreiecksgiebel mit dem Hillesheimschen Wappen ein. Innerhalb des rustizierten Torbogens, der durch Lisenen und gesprengte Giebel zusätzlich geschmückt ist, hat sich das originale Tor erhalten. Auf der Hofseite wechseln schlichte Fenster und Türen einander ab, die Mansarddächer wurden nach dem Brand von 1919 in nahezu alter, jedoch etwas erhöhter Form wieder hergestellt.

Inwieweit die geplanten Gartenanlagen vollendet waren, ist bislang unerforscht. Bestimmte Teile sind definitiv fertig gestellt worden, wie die vier Gartenpavillons an den Ecken des Gartens bezeugen. Ur-

Außenseite der Vorburg mit Eingangsportal von Westen, 2009

sprünglich nach vier Seiten offen und von einem geschweiften Dach bekrönt, versprühen sie auch heute noch einen barocken Charme.

Das Herrenhaus liegt wie die einstige Burg von einem Wassergraben umgeben auf einer quadratischen Insel. Im wuchtigen Baukörper vermischen sich dem Zeitgeist entsprechend Stilelemente aus Romanik, Gotik, Renaissance und Barock zu einer eigenständigen Gesamtkomposition. Das stark gegliederte Äußere findet seine Entsprechung in einer bewegten Dachlandschaft. Die Hauptfassade wartet mit zwei turmartigen Eckbauten auf, deren nordöstlicher eine offene Erdgeschosshalle besitzt. Dieser Raum, in dem zwei Grabplatten ausgestellt sind, leitet zur neoromanischen „Burgkapelle". In dem stimmungsvollen kreuzrippengewölbten Raum werden auch heute noch Trauungen durchgeführt.

Luftaufnahme von Südwesten, 2009

Grundriss, 2009

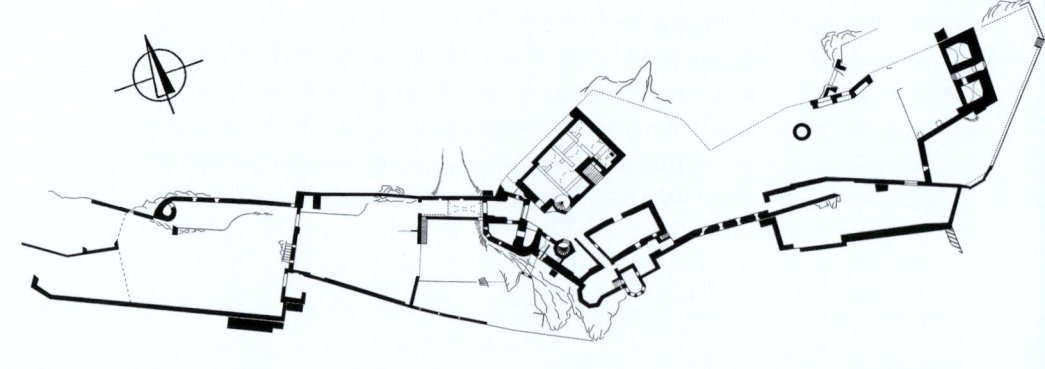

Burg Altwied

Die genaue Erbauungszeit von Burg Altwied, die zunächst nur "Wied", später neben "Altwied" auch "Niederwied" genannt wurde, ist entgegen allen Vermutungen der bisherigen Literatur unbekannt. Allgemein angenommen wird eine Entstehung vor 1129, als ein Meffried sich erstmals mit dem Epitheton "Wied" (*Meffridus de Widhe*) betitelte. Spekuliert wird zudem auf Grund von Namensgleichheit über eine Identität dieses zweifelsfrei den Edelfreien zuzurechnenden Metfried mit einem bereits seit Ende des 11. Jahrhunderts mehrfach belegten Grafen Metfried/Meffried, dessen Grafschaft im Engersgau lag, der aber ansonsten nicht näher zu fassen ist.

Eine Burg Wied ist somit gemäß dem Befund der Schriftquellen nicht vor dem Jahr 1218 nachzuweisen, als Erzbischof Dietrich von Trier (1212–1242) vor Ort (*in castro Widhe*) eine Schenkung an das Kloster Rommersdorf bestätigte. Dietrich gehörte dem ersten Grafengeschlecht von Wied an, das sicher seit 1152 mit Graf Siegfried und dessen Brüdern Arnold (1151–1156 Erzbischof Arnold II. von Köln) und Burkhard nachgewiesen ist. Obwohl die Familie in den ersten Generationen zahlreiche Nachkommen aufwies, von denen mehrere in hohe geistliche Ämter aufstiegen, starb sie mit dem Tod des kinderlos gebliebenen Grafen Lothar 1244 aus.

Danach kamen Grafschaft und Burg an die Brüder Bruno von Braunsberg und Dietrich von Isenburg sowie deren Vettern Gottfried und Gerhard von Eppstein. Teilungsverträge des Jahres 1259 über die Grafschaft, deren Lehnsherren spätestens seit 1238 die Pfalzgrafen bei Rhein waren, und Verpfändungen von Teilen an verschiedene Pfandnehmer sorgten für verworrene Besitzverhältnisse, bis schließlich Wilhelm von Braunsberg (1324–1383) alle Besitzanteile auf sich vereinigte und 1326 mit der kompletten Grafschaft von König Ludwig IV. (dem Bayern) belehnt wurde. Damit war das zweite Grafenhaus von Wied(-Braunsberg) begründet, wobei die Besitzverhältnisse auf Burg (Alt-)Wied aber zunächst noch immer zersplittert waren.

Nach Erlöschen auch der zweiten Wiedischen Familie 1462 gelangte die Grafschaft an Friedrich von Runkel, der sich seitdem Graf von Wied nannte. Nachdem es 1505 Graf Johann gelungen war, die wiedischen, isenburgischen und Runkeler Besitzungen zu vereinigen, verpfändete er 1532 seinem Bruder Friedrich Schloss und Amt Wied auf dessen

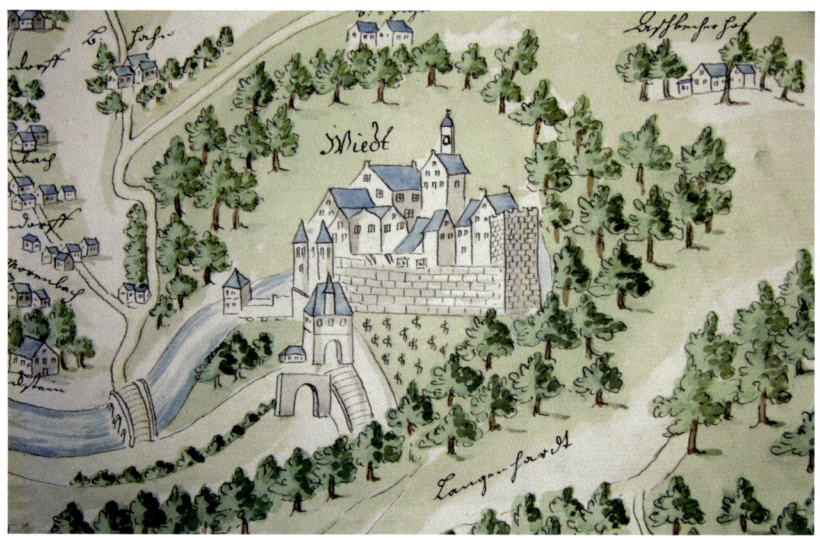

Karte der Niedergrafschaft Wied, Detail: Abbildung der Burg Altwied – Kolorierte Federzeichnung von N.N., 1589

Lebenszeit. Bei einer Erbteilung im Jahr 1595 entstanden mit der Nieder- und Obergrafschaft zwei neue Territorien, von denen die Niedergrafschaft Graf Johann Wilhelm zufiel. (Alt-)Wied und seine Burg wurden Sitz dieser Niedergrafschaft und des gleichnamigen Amts, das erst mit der Gründung der Stadt Neuwied 1653 seine Bedeutung als Herrschaftsmittelpunkt und Residenz einbüßte.

In der Folgezeit wurde die Anlage zusehends seltener genutzt und im 18. Jahrhundert zur Ruine. Auch wenn einzelne Gebäude noch bis weit in das 19. Jahrhundert hinein als Unterkunft hergerichtet wurden, belegen zeitgenössische Berichte nachdrücklich die Gefahren für den Ort durch herabstürzendes Mauerwerk. In den Jahren 1926–1929 unternommene Versuche, eine Jugendherberge in die alte Mauersubstanz einzufügen, scheiterten glücklicherweise. Heute wird die großflächige, vom Heimatverein Altwied selbstlos betreute Anlage schonend für Veranstaltungen genutzt, bedarf aber dringend weiterer Sicherungs- und Sanierungsmaßnahmen.

Burg und Ort liegen in einer Schleife der Wied mit der Burg an höchster Stelle eines nach Norden steil abfallenden Schieferfelsens. Die lang gestreckte Anlage besteht aus einer Kernburg mit nördlichem, östli-

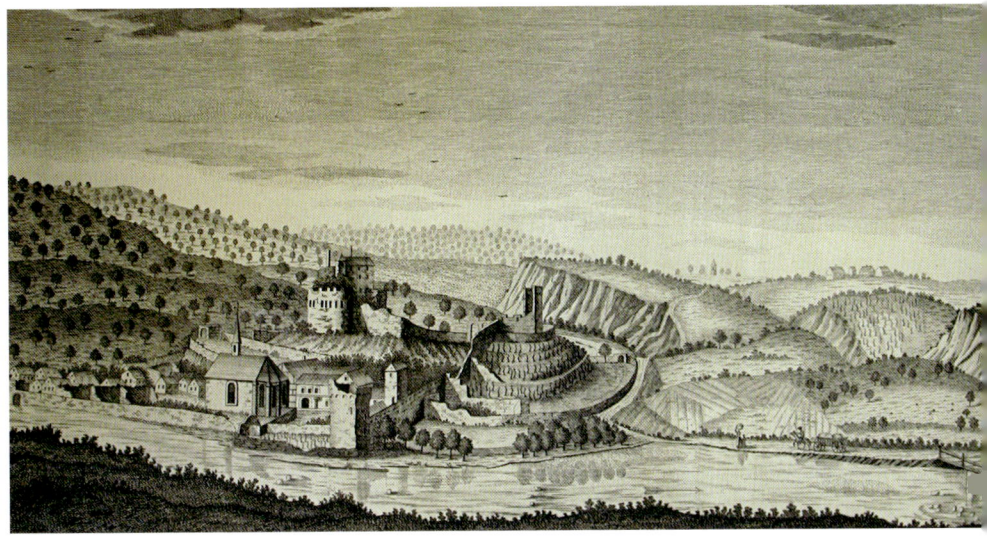

Ansicht von Süden – Kupferstich von I[ ] F. Volckart nach Zeichnung von C[harles] Dupuis, vor 1785

chem und südlichem Zwinger sowie zwei westlich aufeinanderfolgenden Vorburgen, zu deren Füßen sich der durch eine Mauer geschützte Ort befindet.

Nach jüngsten Erkenntnissen der Bauforschung stimmt die Kernburg in ihrer heutigen Form weitestgehend mit dem Umfang der hochmittelalterlichen Anlage des 12. Jahrhunderts überein. Blickfang ist ein markanter Bau am Ostende, über dessen zeitliche und typologische Einordnung bisher größtenteils Unkenntnis herrschte. Der längsrechteckige, bis auf eine Tür im Sockel zur Feldseite hin öffnungslose Baukörper von etwa 16 Metern Höhe wird von einem Wehrgang über Rundbogenfries abgeschlossen, dessen Westecken tourellenartig leicht auskragen. Zur Hofseite lassen besonders die Reste von Drillingsfenstern über Plattenfries die einst prächtige Fassade erahnen. Spätere Veränderungen sind wegen der nur fragmentarischen Tuffsteinblendbögen im Sockel sowie weiterer einfacher Fenster greifbar. Im Erdgeschoss liegen beiderseits des Durchgangs zum Zwinger zwei überwölbte Keller. Bei dem Ursprungsbau handelte es sich um einen Wohnbau bzw. Wohnturm unbekannter Höhe, der, abgesehen von der später veränderten Südwestecke, noch bis auf Höhe einer markanten horizontalen Baufuge auf den Feld-

Ansicht von Westen – Kupferstich von N.N. nach unbekannter Vorlage, vor 1825

seiten aufrecht steht und spätestens der zweiten Hälfte des 12. Jahrhunderts angehört. In der ersten Hälfte des 13. Jahrhunderts wurde bei einem großzügigen Umbau die Hofseite fast vollständig abgerissen und durch eine aufwändig gegliederte Hoffassade ersetzt. Mittels der gleichzeitigen Aufstockung entstand Raum für einen beinahe sechs Meter hohen Saal im Obergeschoss. Der architektonische Höhepunkt war mit einer weiteren Erhöhung im mittleren 14. Jahrhundert erreicht, wobei eine dreiseitige Hurde vor den neuen Wehrgang gehängt wurde. Möglicherweise nach einem Einsturz kam es um 1600 zu einem reduzierten Wiederaufbau, der den einstigen Saalbau unter anderem durch den Einbau von Vorratskellern, eine neue Geschosseinteilung und schlichte Fenster zum Zweckbau degradierte.

Der zweite Schwerpunkt der großzügigen Burg lag im Westen. Dort befinden sich die Reste verschiedener Baulichkeiten, wovon das sog. Frauenhaus mit seiner Westhälfte noch Bestandteile eines Wohnbaus

Sog. Carmen-Sylva-Turm und Treppenturm (im Hintergrund) von Westen, 2010

Wohnturm/Saalbau von Süden, 2010

aus dem 13. Jahrhundert bewahrt hat. Der teilweise erhaltene Plattenfries erlaubt, die Errichtung des Hauses in dieselbe Bauphase wie den Umbau des Wohnbaus zum Saalbau zu setzen. In die ausgeklinkte Ecke des ebenfalls nachträglich erhöhten Hauses stellte man im 15. Jahrhundert einen Treppenturm. 1622 erfolgte ein weiterer, inschriftlich datierter großzügiger Umbau, bei dem unter anderem das Gebäude unterkellert und die östliche Giebelwand unter Verwendung alten Baumaterials vollständig neu aufgeführt wurde. Schräg gegenüber steht ein polygonaler Treppenturm (16. Jahrhundert), der Teil eines großen Wohnbaus war, welcher die gesamte Südwestecke der Kernburg einnahm. Hier hat man die mittelalterliche Bebauung abgetragen und durch polygonale ausspringende Bauten ersetzt, deren Formensprache in die Renaissance verweist.

Baumaßnahmen des 19. und frühen 20. Jahrhunderts, als die Burg als gelegentlicher fürstlicher Aufenthaltsort bei Jagden und als Festspielstätte diente, führten zu vielfachen Veränderungen. Dazu gehört auch die sog. Kapelle, die höchstwahrscheinlich ohne Befund damals neu entstand. Der Standort der tatsächlich schon für das Jahr 1259 (... *altare* ... *sancti Georgij in Wide*) und eindeutig 1347 (*Capella sancti Georgii sita in Castro Wiede*) auf der Burg belegten St. Georgs-Kapelle bleibt weiterhin unbekannt. Das offensichtlich reparierte Burgtor aus dem 13. Jahrhundert verdankt sein nachlässiges Aussehen einem Wiederaufbau nach einem Erdbeben. Die Ausnehmungen für eiserne Bänder, die ein Verdrehen der Gewändesteine verhindern sollten, sind noch deutlich sichtbar. Die erste Vorburg aus dem 15. Jahrhundert ersetzt vermutlich eine hölzerne Vorgängeranlage und diente wahrscheinlich auch als Burgmannensitz. Ihr langer Torzwinger, der auf einer überwölbten Passage sitzt, überbaut den früheren Burggraben. Von der einstigen Bebauung hat sich allein ein Eckturm neben dem Tor erhalten. Ein unterhalb der Kernburg im Fels existierender „Geheimgang" führt hinab zur Wied und diente wahrscheinlich der Wasserversorgung. Die westlich anschließende zweite Vorburg mit ihren Wirtschaftsgebäuden war bereits bei der Errichtung der ersten Vorburg geplant und wurde bald darauf ausgeführt. Neben einem am Pflaster identifizierbaren Stall vor der Nordmauer verdient ein runder Turm Beachtung, der im Zuge einer Erhöhung der Nordmauer dem älteren Verband hinzugefügt wurde. Der Zugang zu dieser Vorburg war möglicherweise durch einen Torturm gesichert.

Sog. Kapelle (links im Vordergrund), Treppenturm (links im Hintergrund) und Frauenhaus (rechts) von Südosten, 2010

Luftaufnahme von Westen, 2009

Grundriss, vor 1972

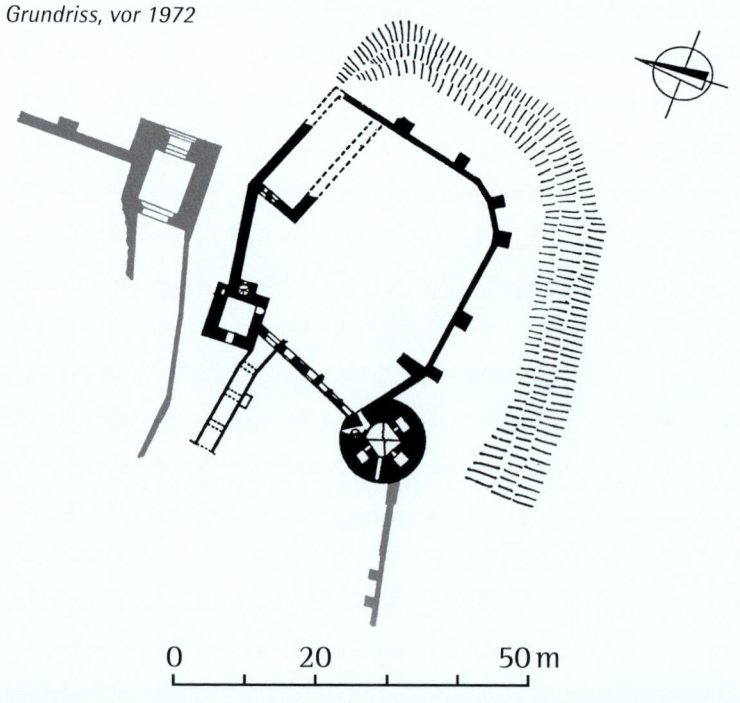

Burg Andernach

Die Suche nach den Ursprüngen der Wasser- und Stadtburg in Andernach offenbart eine vielfach anzutreffende Diskrepanz zwischen den Ergebnissen der verschiedenen beteiligten Wissenschaftsdisziplinen: Während sich die Bauforschung für eine Gründung bereits im 12. Jahrhundert ausspricht, fehlt seitens der Historiker die Möglichkeit zu einer Bestätigung in den Schriftquellen. Dies gilt auch für den in diesem Zusammenhang mehrfach angeführten, 1167 durch Kaiser Friedrich I. Barbarossa an den Kölner Erzbischof Rainald übertragenen Reichshof (... *curtem in A[nd]ernaco*), der nicht mit der späteren Burg identisch ist. Als gesicherter Beleg existiert erst eine Erwähnung von 1285, als Robin von Kobern dem Kölner Erzbischof Siegfried einen Hofanteil als Andernacher Burglehen (... *castrensis feodi ... apud Andernacum*) auftrug. Zwei Jahre später flohen die Juden der Stadt bei einem Pogrom in die Burg des Erzbischofs (... *castri sui Andernacensis*), die hier erstmals direkt erwähnt wird. Zusammenfassend erlauben die deutlichen Erkenntnisse der Bauforschung dennoch, eine Errichtung der Anlage nach 1167 durch das Kölner Erzbistum anzunehmen.

Im 14. Jahrhundert stand die Burg im Mittelpunkt der Auseinandersetzungen zwischen städtischer Bürgerschaft und dem Erzbischof, so 1331, als die Stadt dem Trierer Erzbischof Balduin Unterstützung gegen jedermann zusagte mit Ausnahme des Erzbischofs von Köln. Dabei versprachen die Bürger für den Fall, dass der Kölner Bischof in seiner Burg einen Feind Balduins aufnehmen würde, keinerlei Hilfe zu leisten und nicht einmal Verpflegung liefern zu wollen – eine für die Bürger sehr flexible Formulierung. In diesen Zusammenhang passen kurze Zeit später belegte Auseinandersetzungen der Stadt mit Erzbischof Wilhelm (1349–1362), in deren Verlauf die Bürger 1359 und 1365 die Anlage einnahmen, den Brückenzugang auf der Feldseite zerstörten und damit die Burgbesatzung von einer Versorgung von außen abschnitten. Wohl noch als Reaktion darauf ließ Erzbischof Engelbert III. (1364–1369) nach Belagerung und Einnahme von Andernach diese neuralgische Brücke wiederherstellen und die gesamte Anlage aus- und umbauen. Die Burg diente in der Folgezeit als Sitz für den bischöflichen Amtmann und die Burgmannen sowie mehrfach als Aufenthaltsort für den jeweiligen Kölner Erzbischof. Weitere Baumaßnahmen scheinen seit dem Ende des 15. und im 16. Jahrhundert vorgenommen worden zu sein, worauf auch ein Schluss-

Ansicht von Osten – Kolorierter Kupferstich von Johann Ziegler nach Zeichnung von Laurenz Janscha, vor 1798

stein im Wohnturmgewölbe mit dem Wappen Erzbischof Philipps II. (1508–1515) hinweist. Vielleicht noch derselbe Bauherr oder aber sein Nachfolger Hermann V. von Köln fügte vor 1520 den massiven, runden Geschützturm („Pulverturm") hinzu. Im Verlauf des Pfälzischen Erbfolgekriegs zerstörten 1689 französische Truppen die Anlage. Im Wohnturm wurden 1836 ein Gefängnis und 1911–1922 eine Schülerherberge untergebracht. Heute befindet sich die Ruine im Besitz der Generaldirektion Kulturelles Erbe Rheinland-Pfalz.

Trotz des fragmentarischen Zustands zählt die Ruine zu den beeindruckendsten Anlagen am unteren Mittelrhein. Auch hier sind die über Köln verbreiteten französischen Architektureinflüsse feststellbar.

In der Südostecke der Stadt gelegen und durch einen breiten, ehemals mit Wasser gefüllten Graben von dieser getrennt, zeigt die Burg einen polygonalen Grundriss. Hauptakzente sind ein massiver runder Turm in der einen und ein quadratischer Turm in der anderen Ecke, neben dem sich der Eingang befindet. Die beide verbindende Mauer lässt bereits im Grundriss durch ihre reiche Befensterung auf ein wichtiges Wohngebäude schließen.

Entgegen dem ersten Anschein sind auch Reste der hochmittelalterlichen Burg erhalten. Dazu zählt zunächst **die feldseitige Wand des**

Ansicht von Osten mit den Resten der Grabenwand im Vordergrund, 2010

ehemaligen Wassergrabens, die Bruchsteinmauerwerk sowie bei späteren Reparaturen eingefügten Bruchstein-Tuffziegelverband **zeigt**. Zwischen den beiden am engsten stehenden Stützpfeilern existierte einst ein weiterer Zugang zur Burg. Ehemalige Gebäude sind nicht nur durch den sorgfältig gearbeiteten rechteckigen Auslass einer Kloake dicht über dem heutigen Grabenboden – er gibt die Höhe des einstigen Wasserstands wieder – neben den erwähnten Pfeilern zu erschließen. Die unmittelbar an den Rundturm anschließenden Mauerpartien auf Süd- und Westseite – hier hebt sich der Bruchsteinverband des Sockels deutlich vom umgebenden Verband ab – weisen auf ein ehemals in dieser Ecke platziertes Gebäude hin. Dessen mutmaßliche Ausdehnung macht als Hauptgebäude der Burg des späten 12. Jahrhunderts einen Wohnturm oder einen Saalbau am wahrscheinlichsten.
Der größte Bestand datiert jedoch ins mittlere 14. Jahrhundert, als die Burg eine tiefgreifende Umgestaltung erfuhr. Hierbei wurde der Wohnturm bzw. Saalbau zu einem zweigeschossigen Wohnbau mit großen Fenstern und aufwändigem spitzbogigem Portal erweitert. Zudem wurden ein neuer, wenigstens viergeschossiger Wohnturm und zumindest die nördliche Ringmauer errichtet. Diese Bauphase ist durch den Gebrauch von Säulenbasalt klar erkennbar.

Ansicht von Westen – Lithographie von [ ] Bove unter Anleitung von F[ ] Noël d. Ä. nach Zeichnung von Louis P. A. Bichebois, vor 1826

Der neue quadratische Wohnturm besaß über einem nur von oben zugänglichen Sockel einen ebenerdig erschlossenen Funktionsraum im Erdgeschoss, von dem aus die übrigen Stockwerke über eine Wendeltreppe erreicht wurden. Der mit Kamin, Fenstern und Abort ausgestattete Raum im ersten Obergeschoss erhielt durch das nachträglich eingezogene Netzgewölbe eine noch wohnlichere Atmosphäre. Das zweite Obergeschoss scheint der Verteidigung gedient zu haben, da es schlichter ausfiel und Ausgänge auf die Wehrgänge zu beiden Seiten besaß. Erst mit dem Aufsetzen des über Maßwerkfries auskragenden Wehrgeschosses mit seinen Ecktourellen und Verteidigungserkern wohl kurz nach 1500 erhielt der Turm sein heutiges beeindruckendes Äußeres. Im Barock wurde er mit einer Schweifhaube bekrönt, die bis ins 19. Jahrhundert bestand. Ebenfalls kurz nach 1500 wurde anscheinend auch der Wohnbau erneut verändert, was sich an der Verwendung von hellen Tuffziegeln ablesen lässt.

Die Innenseite des Wohnbaus gestattet es noch heute, die einst prächtige Gestaltung mit großzügigen Kreuzstockfenstern und Kaminen nachzuvollziehen. Nachträglich wurden Schlüsselscharten im Sockel zur besseren Sicherung eingebaut.

Eingangstor zur Burg mit darüberliegender Aussparung für einen (verlorenen) Wappenstein und den Resten eines Erkers, 2009

Der wuchtige Geschützturm in Ecklage besaß vier teilweise rippengewölbte Etagen zuzüglich einer Wehrplattform, die heute wieder ein Dach trägt. Oberhalb des ungewöhnlich eingeschnürten Sockels sind Schlüssel- und Maulscharten nebst den zugehörigen Abzugsöffnungen für Pulverqualm und nachträgliche Fenster auszumachen. Innerhalb des Turms wurden die Geschosse mittels einer Wendeltreppe innerhalb der bis zu sechs Meter starken Mauern verbunden.

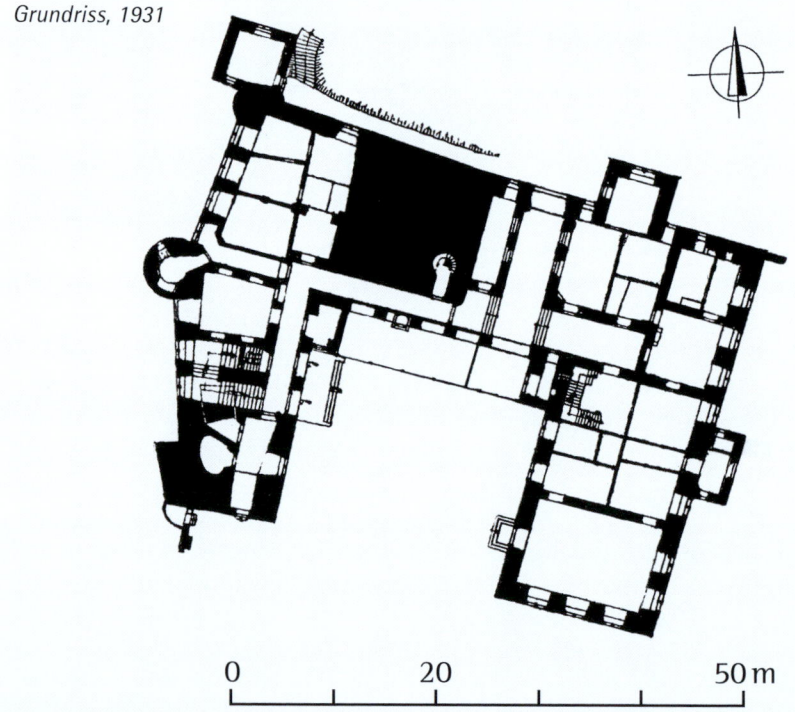

Luftaufnahme von Süden, 2009

Grundriss, 1931

0 20 50 m

Burg und Schloss Arenfels

Arenfels wurde kurz vor 1259 durch Gerlach von Isenburg (belegt 1246–1303) errichtet. In besagtem Jahr erklärte Gerlach, von seiner Burg aus (... *de castro meo Arenuels* ...) der ehemaligen Gräfin Mechthild von Sayn keinen Schaden zufügen zu wollen. Zehn Jahre später einigte sich Gerlach, der sich seit 1261 als „Herr von Arenfels" (*dominus de Arrenvels*) bezeichnete und damit eine Familienlinie von Isenburg-Arenfels begründete, mit dem Kapitel von St. Simeon zu Trier über die gegenseitigen zukünftigen Abgaben und Rechte in Hönningen nach dem Bau der Burg. 1360 wurde in Arenfels ein Altar zu Ehren Mariens, Johannes des Täufers und anderer Heiliger geweiht, woraus auf die Existenz einer Burgkapelle spätestens zu diesem Zeitpunkt geschlossen werden darf.

Nach dem Aussterben dieser Linie Isenburg-Arenfels mit einem gleichnamigen Nachfahren Gerlachs im Jahre 1371 ging die aus Burg und dem Ort Hönningen bestehende Herrschaft zu gleichen Teilen an dessen beide Schwiegersöhne, Wilhelm I. von Wied und Salentin von Isenburg. 1372 gestanden Salentin und seine Ehefrau Adelheid dem Grafen Wilhelm von Wied die Einlösung von Herrschaft und Burg zu für den Fall, dass sie beides aus Geldmangel versetzen müssten. Durch den noch Ende desselben Jahres sowohl von isenburgischer als auch von wiedischer Seite vorgenommenen Verkauf für insgesamt 2.000 Mainzer Goldgulden an Erzbischof Kuno von Trier ging die Herrschaft Arenfels in trierisches Eigentum über. Sie verblieb aber für nahezu 300 Jahre im Lehnsbesitz der Familien von Wied und Isenburg, auch wenn 1504 Gerlach von Isenburg-Grenzau zwischenzeitlich beide Hälften von Kurtrier einlösen konnte.

In der zweiten Hälfte des 16. Jahrhunderts wurde die Burg zur bevorzugten Residenz und zum isenburgisch-grenzauischen Verwaltungssitz, womit wohl ab 1587 ein durchgreifender Umbau einherging, der die Anlage in einen dreiflügeligen Schlossbau verwandelte. Obwohl noch 1655 der Graf von Wied mit seiner Hälfte belehnt worden war, zog Kurtrier nach dem Tod Graf Ernsts von Isenburg-Grenzau und dem Erlöschen seiner Familie 1664 das gesamte Lehen als erledigt ein und vergab es sechs Jahre später an die Familie von der Leyen. Zu dieser Zeit dürfte die während des Dreißigjährigen Krieges 1633 von schwedischen Truppen eingenommene und mutmaßlich

Ansicht von Nordwesten – Stahlstich von J[ ] Jung nach Zeichnung von C[arl] Schlickum, o.J. [vor 1848]

auch beschädigte Anlage in schlechtem Zustand gewesen sein, weshalb es nach Ausweis von Bauinschriften ab 1672 zumindest zu einem Wiederaufbau der Wirtschaftsgebäude kam. 1678 übergaben die beiden kurkölnischen Räte Andreas Frank Siersdorf und Johann Jakob Prange auf dem Schloss das Amt Neuerburg als kurkölnisches Lehen an den kurtrierischen Vizekanzler als Vertreter des Erzbischofs von Mainz, woraus sich auf eine recht gut erhaltene Schlossanlage schließen lässt.

Die heutige Baugestalt gewann Arenfels jedoch erst nach dem Verkauf an Graf Friedrich Ludolf von Westerholt-Gysenberg 1850, der den Kölner Dombaumeister Ernst Friedrich Zwirner mit Umbauten beauftragte. Die von 1848/52–1858 vorgenommenen Arbeiten veränderten das Renaissanceschloss hin zu einem romantisierenden neugotischen Bauwerk, wobei Zwirner die ursprünglichen Absichten des Besitzers, nur den Südostflügel neu zu gestalten, aushebelte und stark erweiterte. Hohe Treppengiebel, erhöhte Treppentürme, spitze Zeltdächer, allgegenwärtiger Zinnenbesatz und insbesondere der Wiederaufbau des mittelalterlichen Bergfrieds mit einer völlig freien Dachgestaltung sorgten zwar tatsächlich für die beabsichtigte stringente Gliederung, gerieten der Anlage aber nicht nur zum Vorteil.

Ansicht von Westen, 2009

Im Zweiten Weltkrieg wurde Arenfels 1945 beschädigt und verlor große Teile des Inventars. Die noch vorhandene Waffensammlung und die Bibliothek mussten noch 1950 versteigert werden. Nach mutwilligen Beschädigungen noch in neuester Zeit bleibt zu hoffen, dass die großartige Schlossanlage zukünftig eine objektgerechte und nachhaltige Nutzung erfahren und der Öffentlichkeit wieder zugänglich sein wird. Das Schloss liegt auf einer heute kaum noch wahrnehmbaren Felsnase am Hang oberhalb von Bad Hönningen. Die Dreiflügelanlage, auf einer Terrasse mit hohem dossiertem (schrägem) Sockel platziert, öffnet sich zum Rhein hin und wird von einem bergseitigen kleinen Wirtschaftshof vom Ende des 17. Jahrhunderts ergänzt. Reste des früheren Parks können am Nordhang in Form von Terrassen und rustizierten Triumphportalen entdeckt werden.
Die Spuren der Burg scheinen äußerlich vollständig getilgt. Vorbehaltlich einer noch ausstehenden Bauuntersuchung wird bislang angenommen, dass der parallel zum Rhein gelegene Nordwesttrakt im Kern noch mittelalterlich ist, jedoch Ende des 16. Jahrhunderts Richtung Norden vergrößert und um einen neuen Eckturm erweitert wurde. Gleichzeitig wäre er mit dem bestehenden halbrunden Nordwestturm verbunden worden. Diesem Baukörper seien dann nach Westen zwei

Ansicht von Süden – Stahlstich von [G] Rudolf nach Zeichnung von [Jacob F.] Dielmann, vor 1844

kurze Flügel angesetzt worden, welche zu Anfang des 17. Jahrhunderts nochmals Richtung Rhein verlängert wurden.

Entgegen dem ersten Anschein wurde das Schloss von Zwirner ab 1852 nicht vollständig umgebaut. Die Könnerschaft des Kölner Dombaumeisters zeigt sich darin, dass er dem breit gelagerten Bau des 16./17. Jahrhunderts durch Anfügen vertikaler Elemente einen Zug in die Höhe verlieh und ihm so zu dem an eine gotische Burg erinnernden Aussehen verhalf. Blickfang ist der – allerdings etwas überdimensionierte – mächtige Turm, der, am Standort des ehemaligen Bergfrieds errichtet, aus dem Dach emporzuwachsen scheint.

Äußere Anzeichen der Baugeschichte finden durch einzelne Details Bestätigung. Zunächst ist auf die beiden schlanken gerundeten, gleichwohl unterschiedlichen Türme hinzuweisen, deren mehreckigen Aufstockungen heute allerdings die ehemaligen Zeltdächer fehlen. Der dazwischenliegende geschweifte Renaissancegiebel wurde auf ausdrücklichen Wunsch des Bauherrn erhalten, wohingegen die übrigen allesamt gegen neogotische Giebel ausgetauscht wurden. Die drei Staffelgiebel sind jeweils unterschiedlich gestaltet und mit Blendmaßwerk sowie Statuen von Gottfried von Bouillon, König Richard I.

(„Löwenherz") von England und Johanna von Orléans geschmückt. Dem Südostflügel verleiht ein reicher Maßwerkerker einen eigenen Akzent. Zwar wurden sämtliche Fenster als Kreuzstockfenster erneuert, die hofseitige Galerie im Erdgeschoss geht jedoch ins späte 16. Jahrhundert zurück, wie die Formensprache der Pfeiler lehrt. Die hofseitig eingestellten Treppentürme wirken seltsam unfertig, was am Fehlen ihrer ursprünglichen Bedachung liegt. Über allem ragt pompös der zinnenbekrönte Turm mit seinem Maßwerkhelm hervor.

Auch wenn das Innere infolge von Verwahrlosung nur noch einen Abglanz früherer Pracht vermittelt, haben die Sanierungsarbeiten der letzten Jahre bereits einige Räume in altem Glanz wiedererstehen lassen. Der über zwei Etagen reichende gewölbte Rittersaal mit dem Standerker und der rosa Salon auf achteckigem Grundriss – darunter liegt der Felssockel, auf dem der Bergfried einst stand – sind sicherlich die beeindruckendsten Räume des Hauptgeschosses im Geiste des 19. Jahrhunderts. Im Erdgeschoss verdienen die auf profilierten Pfeilern ruhenden Kreuzgratgewölbe samt einer bemerkenswerten Hängesäule des 17. Jahrhunderts Beachtung.

Frühbarocke Halle im Erdgeschoss des Nordflügels mit Hängesäule, 2009

Luftaufnahme von Osten, 2009

Grundriss, 1992

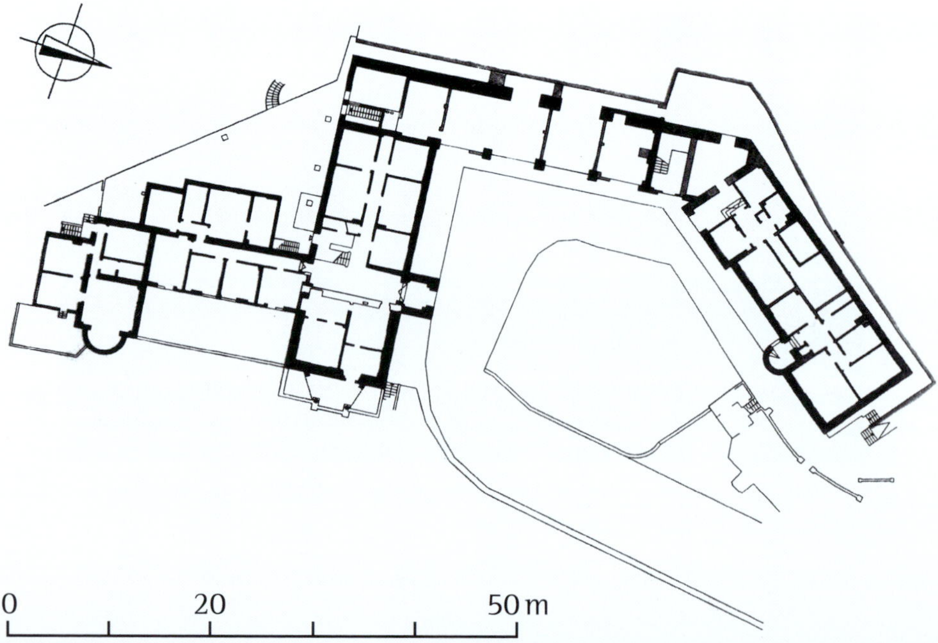

0   20   50 m

Burg Brohleck (Burg Brohl)

Aufgrund eines eklatanten Mangels an relevanten Schriftquellen lässt sich die Geschichte der heute als Brohleck bezeichneten und bisher unzureichend erforschten Burg nur sehr schemenhaft erkennen. Mit einiger Wahrscheinlichkeit wird ihr eine Urkunde aus dem Jahr 1325 zugeordnet, in welcher der Rheinecker Burggraf Johann seine als Allod bezeichnete Burg oder Befestigung Brohl bei Breisig nächst Burg Rheineck (*castrum seu fortalitium dictum Brule situm prope Brisiche juxta Rynecke*) mit den umgebenden Gräben und den innerhalb gelegenen Gebäuden dem Trierer Erzbischof Balduin für 400 Mark zu ligischem Lehen auftrug. Ein großes Problem bereitet der Umstand, dass im Mittelalter stets von einer Burg Brohl, nicht aber von Brohleck gesprochen wird. Dabei bleibt aber durchaus unklar, ob Brohleck oder das nahe Burgbrohl gemeint ist. Dies gilt auch für eine „Burg Brohl bei Andernach", die 1340 zusammen mit der Ehrenburg an der Mosel und weiteren Gütern seitens Pfalzgraf Rudolfs (*... de castro Broyl prope Andernacum*), 1352 von Pfalzgraf Ruprecht I. (*die Burg vnd Vesten Broile by Andernach*) und 1353 von Pfalzgraf Ruprecht II. als vom Erzbistum Trier zu Lehen gehend anerkannt wurde.

1459 wurde Pfalzgraf Friedrich (gen. der Siegreiche) von Erzbischof Johann II. von Trier neben der Vogtei in Leutesdorf und der Burg Stahlberg auch mit einer Burg Brohl belehnt. Angeblich noch im 15. Jahrhundert als pfälzisches Afterlehen an die Familie von Metternich gekommen, wurden zumindest Teile der Anlage in der Mitte des 16. Jahrhunderts gemäß dendrochronologischem Befund neu errichtet. 1664 ging Brohleck an die Familie von der Heeß und später in zahlreiche andere Privathände über.

Nach 1888 baute der neue Eigentümer Jean Baptist Michiels die in schlechtem Zustand befindliche Anlage vollständig um und erweiterte sie beträchtlich. Seit dem frühen 20. Jahrhundert für mehr als drei Jahrzehnte als privates Knabenpensionat und Kindererholungsheim genutzt, verfiel der Gebäudekomplex danach. Zu Beginn der 1950er Jahre gefasste Pläne für einen Ausbau als Diplomatenschule des Auswärtigen Amts konnten nicht verwirklicht werden. Sanierungsarbeiten der letzten Jahre haben das Burg- bzw. Schlossgelände inzwischen wieder freigelegt und große Teile der Anlage bereits wiederhergestellt.

Ansicht von Nordwesten, vor 1888

Oberhalb des Orts befinden sich die Gebäude von Brohleck, die kaum an eine Burg erinnern. Die Anlage setzt sich aus mehreren Trakten zusammen, deren drei Hauptteile einen zum Tal hin offenen Hof bilden. An den Südflügel ist über einen schmalen Verbindungsbau ein Kapellenbau mit halbrunder Apsis angeschlossen. Bei dem in der Rasenfläche gelegenen überdeckten Parkplatz am Ende der geschwungenen Stützmauer handelt es sich tatsächlich um den historischen Zugang zur Burg, wie Planunterlagen des 19. Jahrhunderts erkennen lassen.

Die den Hof Richtung Norden und Westen abschließenden zweistöckigen Flügel sind unschwer als historistische Neubauten zu erkennen. Auch der eingeschossige Verbindungstrakt, der zur Kapelle überleitet, datiert ins letzte Viertel des 19. Jahrhunderts, obgleich er etwas älter als die hofseitigen Bauten ist.

Im Südflügel hingegen haben sich die Reste eines spätmittelalterlichen Gebäudes erhalten, wie jüngst vorgenommene Bauforschungen deutlicher als bisher vermutet herausschälen konnten. Schon äußerlich ist dieser Baukörper in zwei Teile zu gliedern, die mit zwei und drei Geschossen unterschiedliche Höhen aufweisen. Sie werden durch einen vorgestellten Treppenturm aus Basalt im historistischen Gewand er-

Wappentafel am Treppenturm mit den Wappen der Eheleute Friedrich von Metternich und Anna von Düsternau (nach 1540), 2009

schlossen, über dessen rundbogigem Portal eine hübsche Renaissancewappentafel mit den Wappen des damaligen Burgherrn Friedrich von Metternich und seiner Ehefrau Anna von Düsternau wohl aus der Mitte des 16. Jahrhunderts prangt.

Vom einstigen Burghaus existiert oberirdisch nur noch der zweiachsige östliche Hausteil. Der darunter gelegene, tonnengewölbte Keller gibt jedoch dessen ursprüngliche Größe zu erkennen und beweist, dass die westliche Gebäudepartie verschwunden und durch einen Neubau des 19. Jahrhunderts ersetzt worden ist. Im häufig reparierten Mauerverband sind keine originalen Fenster mehr erhalten, allein die Außenmauern haben die Zeiten überdauert. Allerdings konnten bei den Untersuchungen neue Erkenntnisse zum Inneren gewonnen werden. Demnach stammt die erhaltene Fachwerkwand samt den Deckenbalken von einem Umbau, der dendrochronologisch in die Jahre um 1550 gesetzt werden muss. Im Obergeschoss steht in einer Wand des 19. Jahrhunderts ein rundbogiges, ebenfalls in die Mitte des 16. Jahrhunderts zu datierendes Portal, dessen Gewände mit Figürchen geschmückt sind und das von anderer Stelle hierher versetzt worden sein dürfte. Schließlich wurden auch Umbauten im Dachstuhl für die zweite Hälfte des 17. Jahrhunderts ermittelt.

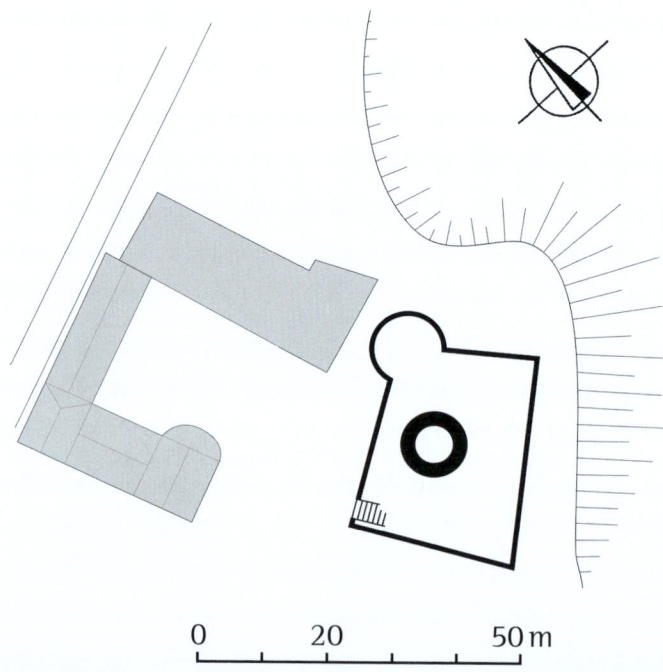

Luftaufnahme von Südwesten, 2009

Grundrissskizze, 2010

Burg Dattenberg

Von der relativ kleinen Burg Dattenberg sind nur sehr wenige historische Nachrichten überliefert, bei denen auf Grund fehlender Beinamen zumeist fraglich ist, ob Burg, Ort oder beides gemeint sind. So bleibt tatsächlich völlig unklar, inwiefern das Auftreten eines Heinrich von Dallenberg (... *henrico de Gobele de dallinberg*) und eines Werner von Dattenberg (... *Wernero de Dadenberg*) in Urkunden von 1217 und 1242 auf die Existenz einer Wehranlage hinweist. Fest steht jedenfalls, dass zwischen 1306 und 1331 ein Wilhelm von Dattenberg die Anlage an den Kölner Erzbischof Heinrich II. verkauft hatte, der wiederum das *sloß Dadenberg* 1331 zusammen mit Burg Bovendorf/Ahrenthal als Burglehen an den Ritter Rollmann von Sinzig und dessen ältesten Sohn Heinrich ausgab. Die Nachkommen führten ab der zweiten Generation den Beinamen Dattenberg (seit 1363).
Im 16. Jahrhundert gelangte die Burg durch Elisabeth von Dattenberg, Ehefrau Goddarts von Lülsdorf, an ihren Sohn Albrecht von Lülsdorf, der 1572 vom Kölner Erzbischof förmlich belehnt wurde. Als die Familie von Lülsdorf mit Ludwig 1664 ausstarb, ging Dattenberg für zehn Jahre an dessen Schwiegersohn Johann Friedrich Raitz von Frenz zu Gustorf. Nach dessen Tod 1674 zog Erzbischof Maximilian Heinrich von Köln das Lehen als erledigt ein.
Im 19. Jahrhundert gelangte die inzwischen auf unbekannte Weise zur Ruine gewordene Burg zunächst 1822 an den Kölner Appellationsgerichtsrat Dahm, 1837 an den Kölner Notar Josef Stoppenbach, dann an Baron Otto von Mengershausen und schließlich 1887 an den Berliner Baumeister Adolf Fuchs. Fuchs ließ das Anwesen durchgreifend umgestalten, indem er das seit 1840 vorhandene Landhaus um 1890 zu einer schlossähnlichen Villa veränderte, die bis heute das Erscheinungsbild prägt. An der mittelalterlichen Burg wurden die Ringmauern ausgebessert und mit einem Zinnenkranz erneuert. Darüber hinaus sorgte er für die Rekultivierung der heute wieder verschwundenen Weinberge unterhalb der Ruine.
Seit den 20er Jahren des 20. Jahrhunderts erfuhren die Räumlichkeiten eine Nutzung als katholisches Mädchenheim und seit 1939 als „Landjahrlager", bevor sie in den letzten Tagen des Zweiten Weltkrieges ausgeplündert wurden. 1949 erwarb der Landkreis Köln die Gebäude für 100.000 DM und eröffnete 1950 eine Jugendbildungsstätte,

Ansicht von Osten – Lithographie von Aimé Henry nach eigener Zeichnung, o.J. [vor 1838]

für die 1962/63 an Stelle der Stallgebäude ein neuer Nutzbau errichtet wurde. 1989/90 nochmals gründlich renoviert, gab der dem 1975 aufgelösten Landkreis Köln nachgefolgte Erftkreis 1996 das Schullandheim endgültig auf und verkaufte das Anwesen in private Hände. Nach 2003 wurde der Schlossteil grundlegend saniert und dient heute als Sitz einer Agentur für Kommunikation und Information.

Die Reste der kaum bekannten kleinen Burg liegen am Ortsrand auf Privatgelände. Erhalten haben sich eine etwa rechteckige Umfassungsmauer mit einem Flankierungsturm an der Nordecke und der runde Bergfried etwa in der Mitte. Nach Nordwesten hin lässt sich noch gut der ehemalige breite Halsgraben, in südlicher Richtung eine vorgelagerte Terrasse erkennen. Ob diese Terrasse zur Burg gehörte oder Bestandteil der vielen am Hang gelegenen Weinbergterrassen war, konnte bislang nicht festgestellt werden. Im Bereich der früheren Vorburg im Nordwesten liegen die schlossartige historische Villa sowie gegenüber das frühere Schullandheim.

Die Ringmauer ist teilweise eingestürzt und zum Teil saniert, was ebenso für den halbrunden Flankierungsturm gilt. Das überwachsene Mauerwerk verhindert aktuell fundiertere Aussagen zu Bauphasen oder Alter. Eine halbrunde Öffnung im sanierten Mauerverband des Berings

Ansicht von Nordwesten, 2010

könnte der Ausfluss eines Abortschachts eines Gebäudes in der winzigen Kernburg gewesen sein.

Dort ist allein der runde, früher deutlich höhere Bergfried erhalten, der bei knapp neun Metern Durchmesser heute noch eine Höhe von etwa elf Metern zeigt. Abgesehen von dem modernen Zugang im Sockel sind auf der Feldseite noch Fensteröffnungen, denen die Gewände fehlen, und der originale Hocheingang feststellbar. Die großen Balkenlöcher neben der Tür rühren von einem hölzernen Eingangspodest her. Außerdem ist ein weiterer Auslass eines Abortschachts im Verband auszumachen. Das zahlreiche runde Rüstlöcher aufweisende Mauerwerk besteht vollständig aus Bruchstein, dessen Versatz das Bemühen um eine gewisse Sorgfältigkeit erkennen lässt. Im Inneren sind noch zwei Stockwerke anhand eines Absatzes zu unterscheiden, wobei sich im Obergeschoss die auf der Außenseite schmalen Fenster innen zu Nischen mit Fensterbänken erweitern. Bemerkenswert ist neben den Spuren eines Kamins eine kurze Treppe, die im Verband ausgespart wurde. Sie führt auf halber Geschosshöhe zu einer Nische, bei der es sich um den früheren Abort handelt.

Typologie und Bauform legen eine Errichtung der Burg in der ersten Hälfte des 13. Jahrhunderts nahe.

Luftaufnahme von Osten, 2009

Grundriss, 1977 (mit Korrekturen und Ergänzungen, 2007)

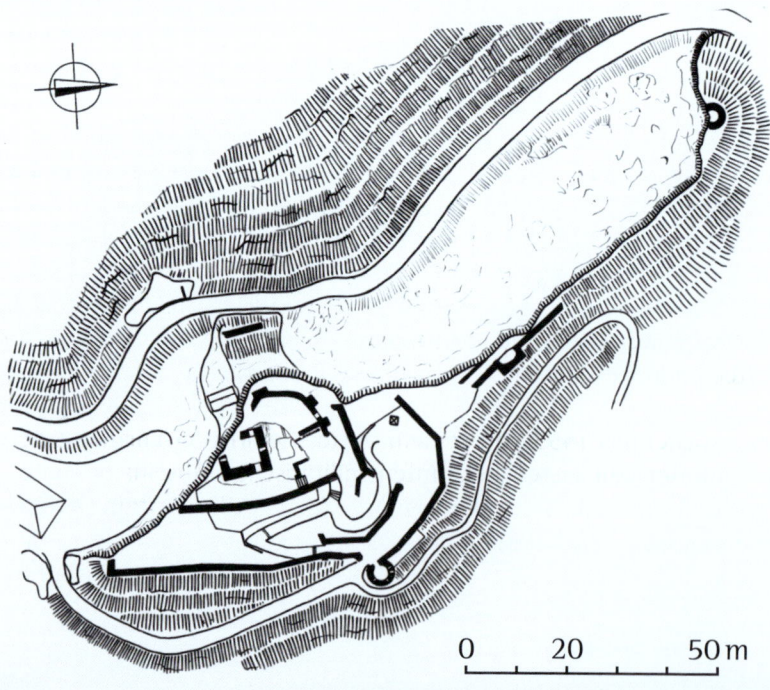

Burg Drachenfels

Mit dem Bau von Burg Drachenfels wurde vor 1149 unter Arnold I. von Köln (1137–1151) begonnen, doch konnte er wegen eines Schlaganfalls des Erzbischofs zunächst nicht zu Ende geführt werden. Nach einer von ihm selbst ausgestellten Urkunde hatte Arnold *in castro Drachenuelis* einen Turm und einen Teil der anderen Gebäude errichten lassen, die an den Bonner Vogt Adalbert von Saffenberg zu Lehen vergeben worden waren. Auch wegen Übergriffen der dortigen Burgmannen übertrug der schwerkranke Kölner Erzbischof die unfertige Anlage gegen Zusicherung des Öffnungsrechts und Abfindung des bisherigen Lehnsinhabers an das Bonner Stift St. Cassius und Florentius, dem ohnehin ein Teil des Burgberges gehörte. Wie Besitzbestätigungen durch (Gegen-)Papst Viktor IV. von 1162 für das *castrum in Monte draconis situm* und Erzbischof Rainald von Köln von 1166 für das *castrum in Drakenuels situm* belegen, vollendete der Propst des Bonner Stifts, Gerhard von Are, den Burgbau mit hohem Geldaufwand.

Im 13. Jahrhundert treten die Eigentumsrechte des Cassiusstifts allmählich in den Hintergrund. Die engen Beziehungen zu den Erzbischöfen von Köln lassen vermuten, dass der Drachenfels inzwischen an das Erzbistum gekommen war und nun von kölnischen Burggrafen verwaltet wurde (erstmals Burggraf Heinrich, 1225). Den mindestens bis 1315 ministerialischen Burggrafen gelang es schnell, sämtliche lehns- und besitzrechtlichen Bindungen aufzuweichen. Ihre wirtschaftliche Basis bildeten dabei Einnahmen aus den bis in unmittelbare Nähe der Burg reichenden Trachytsteinbrüchen, die ihnen den Erwerb von Eigentum (1402 Burg Gudenau), Pfandschaften (1425 Burg und Herrschaft Wolkenburg mit Königswinter) sowie eine bemerkenswerte Stiftungstätigkeit ermöglichten. Überaus eindrucksvoll veranschaulichen die für die Jahre 1395–1398 überlieferten Rechnungen der Burggrafen von Drachenfels die Haushaltsführung auf einer spätmittelalterlichen Burg.

Innerfamiliäre Auseinandersetzungen, in deren Verlauf Clais/Nikolaus von Drachenfels 1493 von seinem Vetter Heinrich erschlagen worden war, führten zur ersten bekannten militärischen Auseinandersetzung um die Burg. Nach Aussage der „Chronik der heiligen Stadt von Köln" belagerte Erzbischof Hermann IV. von Köln (1480–1508) daraufhin die

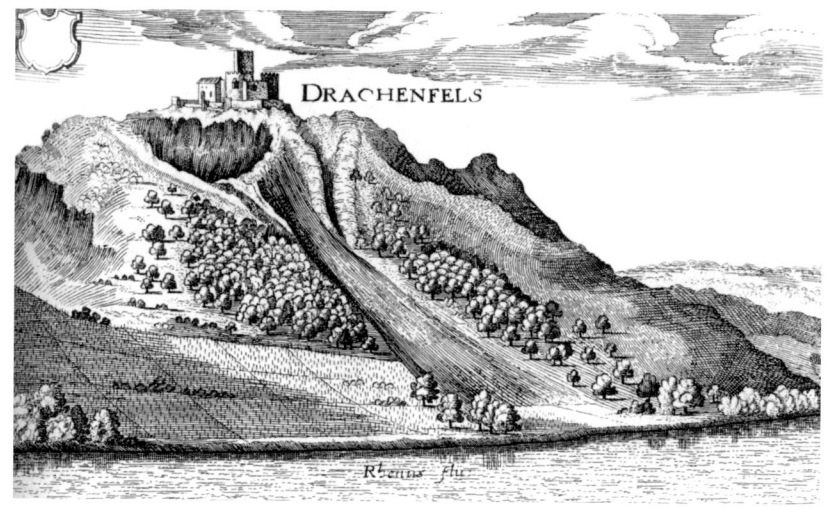

Ansicht von Nordwesten (Zustand vor 1634) – Kupferstich von Matthäus Merian d. Ä. nach unbekannter Vorlage, vor 1646

Wolkenburg und *dat starcke Sloss ... Drachenfels*, das er nach kurzer Zeit einnehmen konnte und in seinem Besitz hielt. Erst 1508 wurden die Streitigkeiten in einem Schlichtungsverfahren beigelegt und Johann und Heinrich von Drachenfels wieder in ihre Besitzungen eingesetzt.
Nach Erlöschen des Geschlechts der Burggrafen von Drachenfels 1530 kam die Anlage an Dietrich zu Myllendonk und Meiderich. Im Verlauf des Truchsessischen Krieges stellte dessen Sohn Dietrich dem neuen Erzbischof Ernst von Wittelsbach (1583–1612) die Burg zur Verfügung. Bei den Kämpfen um Königswinter 1583 führte die Besatzung einen Entlastungsangriff gegen die Truppen des Pfalzgrafen Johann Casimir von Pfalz-Zweibrücken-Kleeburg und verteidigte 1588 den Drachenfels erfolgreich gegen die Truppen des Martin Schenk von Nideggen. Während des Dreißigjährigen Krieges gelang es schwedischen Soldaten im November 1632, die Burg „fast ohne Stoß und Schaden" einzunehmen und zu besetzen. Wie eine Urkunde von 1634 verdeutlicht, in welcher der St. Pankratius-Altar der Burgkapelle samt Burg als zerstört bezeichnet wird, war der Drachenfels spätestens zu dieser Zeit eine Ruine.
Die späteren kölnischen Lehnsträger zeigten wenig Interesse am Drachenfels, der zunehmend als Steinbruch diente. Die fortwährende Aus-

schlachtung hatte zur Folge, dass 1788 Teile eines Wohnbaus und 1828 ein im Volksmund „Mönch" oder „Kapuziner" genannter Gebäudegiebel abstürzten. Trotz anhaltendem Widerstand der Steinhauergewerkschaft ging die gefährdete Bergkuppe schließlich 1836 für 10.000 Taler in den Besitz des preußischen Fiskus über. 1855 musste zum Schutz vor Felsrutschen ein erster Stützpfeiler errichtet werden, 1891/92 wurde die Ruine der Kernburg instand gesetzt und 1905 der durch Blitzschlag beschädigte Zinnenkranz des Bergfrieds ausgebessert. Nach Felsabstürzen 1967 erfolgten zwischen 1970 und 1973 erneut Sicherungsarbeiten, denen sich zuletzt 2008/9 eine vorbildliche Sanierung von Bergfried und Wohnbau der Oberburg anschloss.

Ansicht von Nordosten – Stahlstich von Joh[ann] Poppel nach Zeichnung von L[udwig] Lange, vor 1847

Im 19. Jahrhundert erneuertes Doppelsäulchen im romanischen Fenster des Bergfrieds, 2009

An einzelnen Gebäuden ist aus hochmittelalterlicher Zeit neben dem 1149 erwähnten Turm die Kapelle nachweisbar (1219 Burgkaplan Heinrich, 1247 *capelle in Draghenvelz*). 1345 werden erstmals die Niederburg (*nyderste burch*) und ein Haus Neuroth (*nuwenrode*) erwähnt. Für den Bau eines Ofens (*den oyven zu machen*) wurden 1396, für das Brechen von Ofensteinen (*oven steynen*) und für Bruch und Transport von Schiefersteinen (*scheversteyne*) aus Kaub 1397 Ausgaben getätigt.

Die einst weitläufige Anlage ist durch die früheren Steinbrüche und Felsabstürze in ihrer Ausdehnung deutlich reduziert. Sie setzt sich aus der Oberburg samt Bergfried und der sie ehemals vollständig umschließenden ausgedehnten Niederburg zusammen. Bei letzterer sprechen nicht nur archivalische Belege für eine Entstehung bereits im beginnenden Spätmittelalter, auch wenn der weit überwiegende Bestand dem 15./16. Jahrhundert zugerechnet werden darf.

Am äußersten Tor im Osten, das der Besucher heute zuerst erreicht, steht ein runder Flankierungsturm, dessen Feuerwaffenscharten ihn als Bauteil des 15./16. Jahrhunderts ausweisen. Derselben Bauphase gehört die sich anschließende Mauer an, deren durchgehende Balkenlöcher auf einen außen vorgehängten hölzernen Wehrgang hindeuten. Dem früheren Mauerverlauf nach Norden über den heute erschlossenen Burgbereich hinaus folgend, ist eine Mauerpartie zu entdecken, deren äußere Schale Buckelquaderverband zeigt. Aussehen, Format und Versatz der Werk-

Reste des ersten Burgtors mit Torturm von Südwesten, 2010

steine machen eine Erbauung im 13./14. Jahrhundert wahrscheinlich, was auf eine größere Niederburg bereits zu dieser Zeit hinweist. Die geringen Überreste eines Rundturms weiter nördlich unmittelbar am Steinhang markieren das heutige nördliche Ende der Burg. Entlang des gewundenen Aufgangs zur Oberburg sind nur noch geringe Gebäudereste vorhanden, die sich einer genaueren Bewertung entziehen.

Markanter sind dagegen die Relikte eines Wohnbaus in der Oberburg. Ihr Bestehen verdanken sie den massiven Stützpfeilern, die einem Absturz bis zum heutigen Tag entgegen wirkten. Das Gebäude lässt noch zwei Geschosse unterscheiden, die durch eine hölzerne Decke getrennt waren. Deren Auflager für die Deckenbalken können ebenso wie zwei frühere Fenster identifiziert werden. Ungewiss bleibt die Zeitstellung des Gebäudes. Lediglich die Konsolreihen eines nur von unten sicht-

baren Erkers, der heute als Aussichtsplattform in Richtung Rhein dient, könnten mit der gebotenen Zurückhaltung als Hinweis auf eine Entstehung noch im Hochmittelalter gelten.

Das bemerkenswerteste Bauwerk ist der mit zwei Seiten in nahezu originaler Höhe erhaltene Bergfried. Abgesehen vom modernen Zinnenkranz steht der Turm weitgehend unverfälscht vor uns. Die verlässliche Datierung in die 1140er Jahre steigert die Bedeutung für die Burgenforschung beträchtlich, da die Buckelquader damit zu den frühesten sicher datierten im deutschen Sprachraum zählen. Der Bergfried misst im Durchmesser 9 x 10 Meter, ist etwa 19 Meter hoch und verfügte über drei Geschosse. Er besteht aus regelmäßig gearbeiteten Trachytquadern in zwei sich stets wiederholenden Schichthöhen, die zu großen Teilen als Buckelquader mit exaktem Randschlag ausgeführt sind. Über dem spärlich belichteten Sockelgeschoss lag die Etage mit dem Eingang, von dem nur noch das südliche Gewände original, der gerade Sturz jedoch dem ursprünglichen Werkstein nachgebildet ist. Darüber folgte ein Wohnraum, wie das – zu großen Teilen ergänzte – Fenster widerspiegelt. Das romanische Zwillingsfenster besitzt Doppelsäulchen mit Würfelkapitell und liegt in einer Rechteckblende. Ein Pendant auf der Nordseite wurde bereits im Mittelalter (15./16. Jahrhundert) durch ein Stockfenster ersetzt. Unterschiedliche Abarbeitungen an der Außenseite sowie ein Kragstein auf der Südseite geben zu erkennen, dass der Turm zumindest zeitweilig von Gebäuden umschlossen war. Innerhalb des modernen Erdgeschosseingangs auf der Rheinseite ermöglicht eine Öffnung den Einblick in den Ablaufschacht eines Aborts.

Die hohe architektonische und handwerkliche Qualität ist auch im Inneren sichtbar. Im Eingangsgeschoss befinden sich die Reste eines bauzeitlichen Kamins mit reich dekorierten Kaminwangen, der möglicherweise farbig gefasst war. Die Kaminrückwand wurde aus widerstandsfähigen römischen Tuffquadern hergestellt. Spuren erlauben darüber hinaus, eine umlaufende Sitzbank zu rekonstruieren. Der den Komfort komplettierende Abort lag in der nur fragmentarisch erhaltenen Westseite gegenüber. Vom zweiten Obergeschoss aus führte eine kurze steinerne Treppe in der Südmauer auf die Wehrplatte, während ansonsten wohl nur hölzerne Treppen eingebracht waren.

Ansicht der durch Steinbruch reduzierten Kernburg mit Wohnbau und Bergfried von Norden, 2010

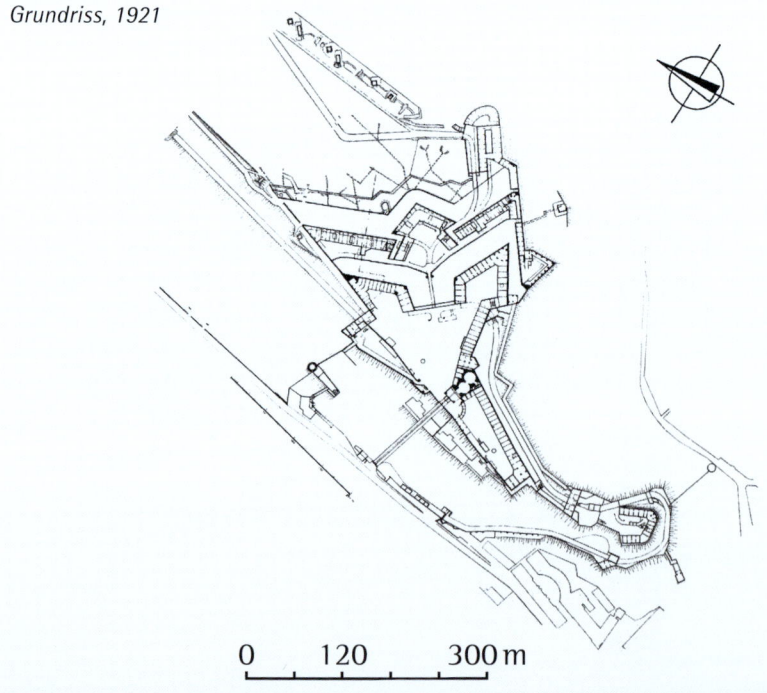

Luftaufnahme von Südwesten, 2009

Grundriss, 1921

0   120   300 m

Burg, Schloss und Festung Ehrenbreitstein

Gegenüber der Mündung der Mosel in den Rhein liegen auf einem zum Rhein hin steil abfallenden Bergmassiv die Gebäudemassen der preußischen Festung Ehrenbreitstein. Heute weist kein offen sichtbares Zeugnis mehr darauf hin, dass hier im Mittelalter eine Burg den Zusammenfluss der beiden Ströme beherrschte.
Entgegen allen Vermutungen lässt sich diese Burg jedoch nicht vor der Mitte des 12. Jahrhunderts in den Schriftquellen nachweisen. Die immer wieder auf Ehrenbreitstein bezogene Schenkung Erzbischof Poppos von Trier an Kaiser Heinrich II. aus dem Jahr 1018 bezieht sich tatsächlich auf einen Königshof in Koblenz (... *curtem nomine Confluentiam*), und auch die Annahme einer Errichtung durch einen Edlen Erembert um 1000/1020 erweist sich bei näherer Betrachtung als unhaltbar. Einigermaßen sicheren Boden betritt man erst mit einer Aussage in den Gesta Treverorum, nach denen Erzbischof Hillin von Trier (1152–1169) umfangreiche Baumaßnahmen vornehmen ließ, die eindeutig auf eine Burg schließen lassen.
Auf der unter den Erzbischöfen Arnold II. (1242–59) und Heinrich II. (1260–1286) erneut ausgebauten Burg verweilte im Juni/Juli 1251 der Gegenkönig Wilhelm von Holland wenigstens zwei Mal. 1293 amtierte mit Wilhelm von Helfenstein ein erster Amtmann, 1299 mit Diethard von Pfaffendorf ein erster Burggraf auf der Anlage. In der spätestens 1376 vorhandenen Burgkapelle mit einem Altar zu Ehren der Heiligen Matthias und Thomas dürfte das Haupt des Apostels Matthias aufbewahrt worden sein, das Erzbischof Kuno II. (1362–1388) vor dem Jahr 1381 aus Kobern hatte auf den Ehrenbreitstein bringen lassen, wo es bis 1422 blieb. Im Spätmittelalter häufig als Aufenthaltsort der Trierer Erzbischöfe nachgewiesen, wurden insbesondere im 15. und 16. Jahrhundert umfassende Baumaßnahmen durchgeführt, welche dem Ehrenbreitstein das Gesicht einer barocken Festung gaben.
Während des Dreißigjährigen Kriegs blieben Koblenz und die rechtsrheinische Festung zunächst verschont, so dass Kurfürst Philipp Christoph (von Soetern) 1626–1629 unterhalb des Festungsbergs mit Schloss Philippsburg noch eine neue Residenz errichten konnte. 1631/32 rief

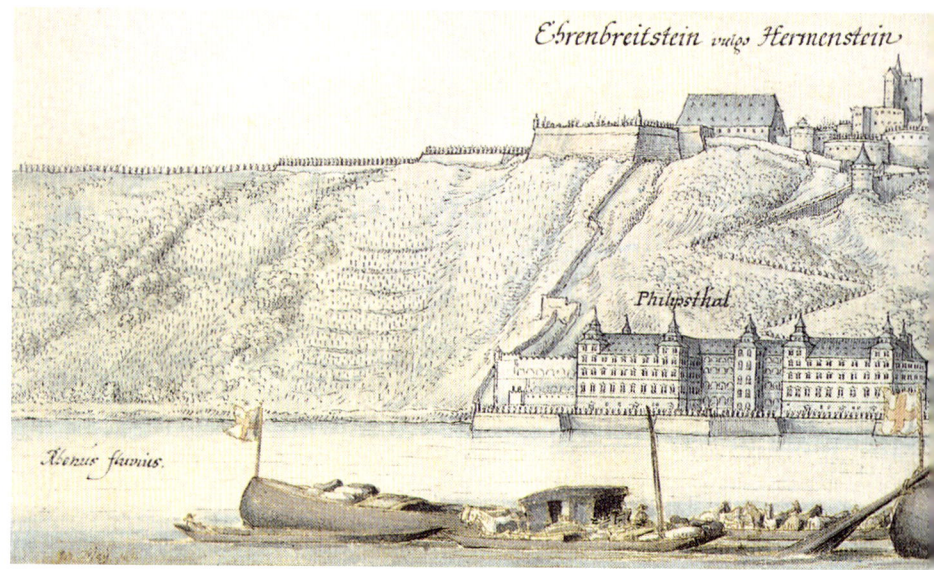

Ansicht von Westen – Aquarellierte Federzeichnung von Wenzel Hollar, 1636

Philipp Christoph französische Truppen zu Hilfe, die aber nach wechselvoller Belagerung endgültig 1637 vor den kaiserlichen Verbänden die Waffen strecken mussten. Bei einem Vorstoß französischer Revolutionstruppen im Jahr 1794 kapitulierte die Stadt Koblenz umgehend, wohingegen die Festung gut vier Jahre (mit Unterbrechungen) den Blockaden und Angriffen standhielt. Erst nach einer ununterbrochenen Belagerung von mehr als 21 Monaten ergab sich die Besatzung aufgrund akuten Lebensmittelmangels. 1801 wurden die Gebäude mit „30.000 Pfund Pulver" in die Luft gesprengt.

Nachdem 1815 das Rheinland an Preußen gefallen war, ließ die neue Regierung den Berg von 1816 bis 1832 durch renommierte Architekten und Baumeister als Teil einer geplanten Großfestung Koblenz neu befestigen. Es entstand das preußische Ehrenbreitstein, das zu einer der größten Festungen Deutschlands und Europas wurde, ohne allerdings jemals in kriegerische Auseinandersetzungen zu geraten. Diese Festungsbauwerke sind trotz der Aufforderung zur Schleifung im Vertrag von Versailles 1919 überwiegend erhalten. Auf dem Festungsgelände befinden sich heute unter anderem das Landesmuseum Koblenz, eine Jugendherberge und ein Restaurant.

Ausgrabungen der letzten Jahre ergaben, dass der Bergrücken bereits seit der Jungsteinzeit vor über 5000 Jahren mehr oder weniger kontinuierlich besiedelt war. Eine Burg ist allerdings, wie oben erwähnt, erst für das frühe 12. Jahrhundert wahrscheinlich zu machen.

Fundierte Überlegungen zur Baugestalt dieser Befestigung sind für die Zeit ab der Mitte des 12. Jahrhunderts möglich, als Erzbischof Hillin von Trier den „Turm in Ehrenbreitstein" (*Turrim in Erenbrettestein*) vollendete, die völlig verfallenen „bischöflichen Häuser" (*domos episcopales*) reparieren sowie mit großem Aufwand eine Zisterne graben und einen aus dem Fels gehauenen Wall – und damit auch einen Graben – errichten ließ. Letzterer, nach seinem Erbauer Erzbischof Hillin „Hellengraben" genannt, konnte jüngst bei Ausgrabungen innerhalb der Großen Traverse erfasst werden. Die burgseitige Grabenwand war im Erbauungszustand erhalten und zeigte mittig die Widerlager einer hölzernen Brücke. Die Verfüllung datiert ins späte 17. Jahrhundert, was bedeutet, dass der Graben erst danach mit dem mehrstöckigen späteren sogenannten Hellenbau besetzt worden sein kann. Wehrtechnisch bedeutend ist der auf zahlreichen Abbildungen auszumachende hohe fünfeckige Bergfried, der offenbar tatsächlich von Erzbischof Hillin kurz nach der Mitte des 12. Jahrhunderts vollendet worden war. Während der alte Burgweg von Norden heranführte, scheint es wiederum Hillin gewesen zu sein, der einen neuen Aufgang aus der steilen Westflanke des Berges herausbrechen ließ. Dieser Weg war durch ein Burghaus am Fuß des Berges gesichert, das an der Stelle des späteren Schlosses Philippsburg lag. 1481/83 wurde ein bis heute existierender, 56 Meter tiefer Brunnen gegraben.

Mehreren Bildquellen des frühen 17. Jahrhunderts zufolge ist eine rückwirkende Beschreibung der spätmittelalterlichen Anlage möglich: Hinter dem breiten „Hellengraben" erhob sich der Bergfried mit einer Spitze zur nördlichen Angriffsseite. Dahinter lagen sich entlang der Hangkanten

Ansicht von Norden – Holzschnitt von [Hans] R.M. D[eutsch] nach unbekannter Vorlage, vor 1550 (Ausschnitt)

Ansicht von Südwesten – Aquatinta von J[ohn] u. R[ichard] Gardnor nach Zeichnung von J[ohn] Gardnor, vor 1790

zwei Baugruppen gegenüber, die einen lang gestreckten Innenhof einfassten. Zur Rheinseite sind zwei hohe Gebäude gotischer Gestalt überliefert, von denen eines auf der Hollarschen Abbildung ohne Dach steht. Die Südspitze des Berges war von einem fast quadratischen Turm besetzt, noch tiefer und ein gutes Stück entfernt sind die Mauern der benachbarten, später in der Festung aufgegangenen Ministerialenburg Helfenstein auszumachen. Ein mit Rundtürmen besetzter Zwinger, durch welchen auf der Westseite der mit einem weiteren Turm gesicherte Burgweg führte, umgab die Anlage. Zu Beginn des 16. Jahrhunderts wurde die Vorburg jenseits des Grabens aufgegeben und die Burg deutlich erweitert. Sie schloss nun mit turmartigen (?) Bauten innerhalb eines weiteren Grabens ab. Markantester Bau war hier das neue Zeughaus, in dem Handfeuerwaffen und Kanonen aufbewahrt wurden. Das massige dreischiffige Gebäude dominiert auf den Abbildungen den linken Bildteil und wendet dem Betrachter die Traufseite zu. Bekanntestes Stück des Zeughauses ist der „Greif", ein mächtiges Bronzegeschütz von 1524, das nach seiner leihweisen Rückgabe von Frankreich an Deutschland 1984 wieder an alter Stelle bewundert werden kann.

Luftaufnahme von Süden, 2009

Grundrissskizze, 2010

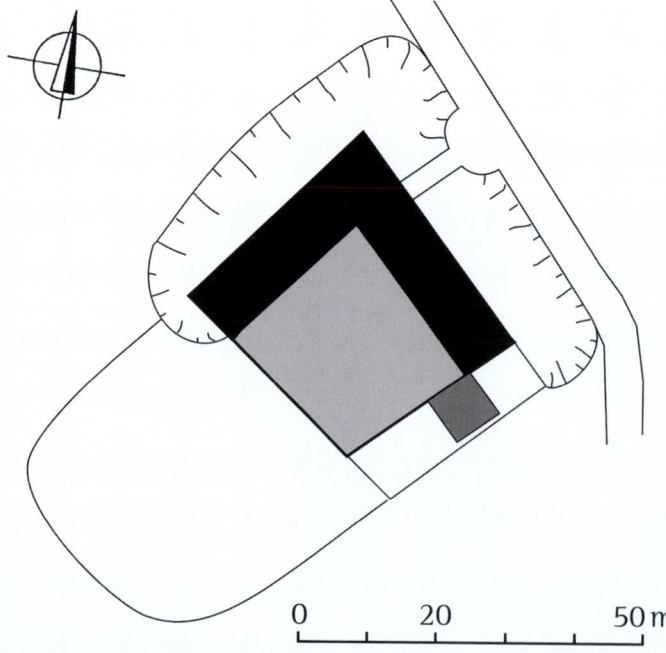

Burg und Schloss Endenich

Burg oder besser Schloss Endenich im gleichnamigen Bonner Stadtteil geht mutmaßlich auf eine mittelalterliche Vorgängeranlage zurück, deren Ursprünge allerdings mangels Schriftquellen bisher nicht vor die Frühe Neuzeit zurückverfolgt werden können. Ob ein Eigengut im Dorf Endenich (... *allodium in uilla que dicitur Enthenich*), welches das Bonner Cassiusstift 1135/36 zusammen mit Weinbergen, Äckern, Wäldern und Hörigen für 230 Mark an Gerhard von Loon und Heribert von Saphra verkaufte, in diesen Zusammenhang gehört, darf mit Recht bezweifelt werden. Gleiches gilt für einen 1266 in einer Urkunde Goswins von Alfter genannten Hof in Endenich (... *curtim ... in Entinnich*). Schließlich bleibt ebenfalls ungewiss, ob sich von einem ortsansässigen Rittergeschlecht – erstmals erwähnt bei Caesarius von Heisterbach im 1219–1223 verfasstem Dialogus miraculorum (Dialog über die Wunder) mit einem Ritter Walter (*In villa Enthenich ... miles quidam nobilis Walterus nomine habitans erat*) und dessen Angehörigen – direkt auf eine mittelalterliche Wehranlage schließen lässt.

Wohl am Ende des 15. Jahrhunderts kam die Burg an die Familie vom Hauss/Huys und 1619 über weibliche Erbfolge an Engelhard von und zu Weichs, dessen Familie sie 1690 dem kurfürstlichen Hofkammerdirektor Johann Heinrich von Lapp (1651–1710) verkaufte. Ob eine Zerstörung im Pfälzischen Erbfolgekrieg 1689 tatsächlich stattgefunden hat, lässt sich nicht nachweisen. Der Sohn Johann Heinrichs, Joseph Clemens von Lapp (1689–1765), baute die Anlage in der Zeit um 1725 aus, bevor sie 1812 an den Geheimen Legationsrat Karl Wilhelm Nose (1758–1835) und nachfolgend 1830 an den Landrat Ludwig Eberhard von Hymmen (1784–1854) verkauft wurde.

Im 20. Jahrhundert ging das noch immer als „Burg" bezeichnete Anwesen 1962 für 400.000 Mark an die Stadt Bonn, die nach Sanierungsarbeiten in den Jahren 1964–1967 den wesentlichen Teil als Stadtteilbibliothek nutzt. Die übrigen Räumlichkeiten beherbergen private Wohnungen, eine Seniorenbegegnungsstätte und eine Löscheinheit der Freiwilligen Feuerwehr Bonn-Endenich.

Die stark veränderte einstige Vorburg sowie teilweise erhaltene Gräben stellen die letzten Reste der mutmaßlich ehemals vollständig von Wassergräben umgebenen Niederungsburg dar, wobei die eigentliche Hauptburg im Süden heute völlig verschwunden ist.

Ansicht von Südwesten – Lithographie von Winckelmann & Söhne nach Zeichnung von C[hristian] Hohe, vor 1868

Nachdem die Vorburg bis etwa 1960 noch drei Gebäudeflügel aufwies, präsentiert sich der einstige Wirtschaftsteil heute als L-förmig abgewinkelter Baukörper. Der parallel zur Straße platzierte Trakt dürfte die älteste Bausubstanz beinhalten, die dennoch kaum vor das 16. Jahrhundert zurückzugehen scheint. Erstere Vermutung kann aus der Eingangssituation geschlossen werden, die eine frühere Zugbrücke nachweisen lässt. Das korbbogige Hauptportal mit betontem Keilstein zeigt nämlich zu beiden Seiten schmale Öffnungen, durch die eiserne Ketten zum Aufziehen der Brücke gezogen werden konnten. Die Hofseite wurde für spätere Nutzungen mit zusätzlichen Fenstern versehen, was den historischen Eindruck verunklärt.

Angesichts der Sockelschräge auf der Feldseite könnte der kürzere Nordwestflügel auf den Grundmauern eines Vorgängers errichtet worden sein. Der zweigeschossige, neunachsige Gebäudeteil verfügt über einfache Fenster, zwei Nebeneingänge und ein Hauptportal, das den einzigen äußerlichen Dekor in Gestalt eines bauzeitlichen Oberlichtgitters mit den Initialen des damaligen Besitzers Joseph Clemens von Lapp zeigt. Darüber sitzt ein vom späteren Eigentümer Ludwig Eberhard von Hymmen eingelassener, auf das Jahr 1831 datierter Wappenstein.

Eingangsportal in den nordwestlichen Seitenflügel mit Rokoko-Oberlichtgitter und darüber Wappenstein Ludwig Eberhard von Hymmens (1831), 2010

Im Inneren sind verschiedene barocke Ausstattungsteile erhalten, von denen die sogenannten kölnischen Decken, eine vollständig mit Putz und Stuck überzogene und mit gerundeten Enden versehene Konstruktion, eigens erwähnt werden sollen.

Luftaufnahme von Süden, 2009

Grundriss, 1919 (mit Ergänzungen, 2002)

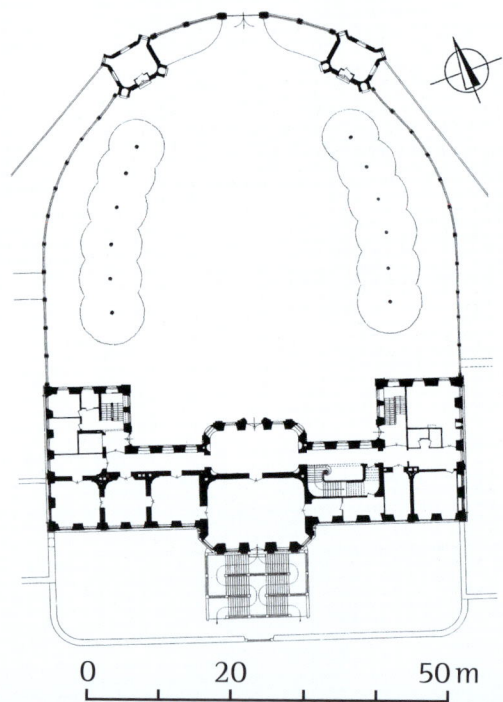

Schloss Engers (Burg Kunostein)

Die heutigen Gebäude von Schloss Engers stehen an der Stelle einer spätmittelalterlichen Burg. Auslöser für die Errichtung der Befestigung waren seit 1350 nachweisbare Versuche Graf Wilhelms von Wied, den letztlich wohl als Reichsgut zu betrachtenden Ort Engers an sich zu bringen. 1357 gelang es ihm, von Kaiser Karl IV. das Stadtrecht nach Vorbild der Reichsstadt Friedberg zu erhalten, welches das Befestigungsrecht einschloss. Dieses Vordringen kollidierte mit den Interessen der Erzbischöfe von Trier, die bereits 1320 den Grafen von Sayn untersagt hatten, in Engers einen Rheinzoll zu erheben.

Die über mehrere Jahre schwelenden Konflikte eskalierten, als Graf Wilhelm vor 1371 in Köln als Geisel einbehalten und „ungerecht" behandelt worden war. Aus der Haft entlassen, überfiel er gemeinsam mit Salentin IV. von Isenburg im März 1371 „niederländische" (gemeint sind kölnische) Kaufleute, die rheinaufwärts zur Frankfurter Messe fuhren, und beraubte sie ihrer Stoffe. Daraufhin zog Erzbischof Kuno II. von Trier, der zu dieser Zeit auch Administrator des Erzbistums Köln war, mit einem von 50 Reisigen und 20 Armbrustschützen aus Köln unterstützten Aufgebot vor Engers und zwang den Grafen zur Unterwerfung. In Sühneverträgen vom 25. April 1371 verzichteten Wilhelm von Wied und Salentin von Isenburg auf Dorf, Gericht sowie eine von Kuno bereits begonnene Burganlage (*den burgerlichen Buw*) und verpflichteten sich zum Schadensersatz in Höhe von 12.130 Gulden.

Dem somit als Burggründer anzusprechenden Erzbischof Kuno – eine neuerdings gemutmaßte wiedische Vorgängeranlage lässt sich nicht belegen – bestätigte König Wenzel 1376 den Besitz des nun *Cunenengers* genannten Ortes. Die Wehranlage selbst, ebenfalls nach ihrem Bauherrn *Conenstein* (Kunostein) benannt, dürfte 1379 wie auch die Ortsbefestigung vollendet gewesen sein, als der Erzbischof die zu Ehren Mariens, des Erzengels Michael und aller Engel errichtete Burgkapelle dotierte.

Weitere Einzelheiten über die Burg, bei der 1589 ein Garten erwähnt wird, sind nur sehr spärlich aufzufinden mit Ausnahme der wichtigen Tatsache, dass 1411/12 der Rheinzoll von Burg Stolzenfels hierher verlegt wurde. Im Dreißigjährigen Krieg erlitt die Anlage Schäden, zerstört wurde sie aber endgültig durch Beschuss kaiserlicher Truppen im Pfälzischen Erbfolgekrieg. Noch mindestens bis 1664 wurden Burglehen zu Engers ausgegeben.

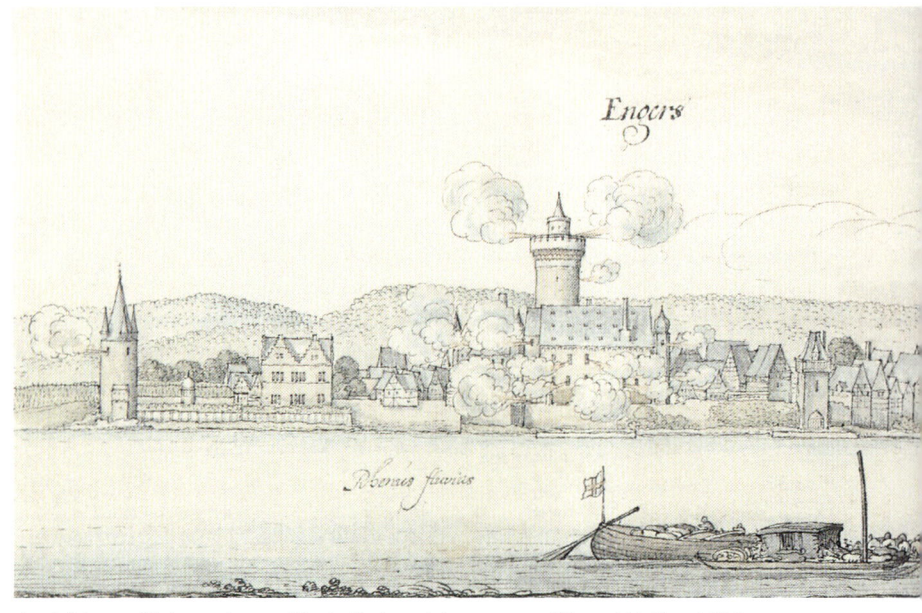

Ansicht von Süden – Aquarellierte Federzeichnung von Wenzel Hollar, 1636

Im Jahr 1758 ließ Kurfürst Johann Philipp von Trier die Ruinen abreißen und von 1759 bis 1762 einen prachtvollen Schlossneubau nach Plänen von Johannes Seiz errichten, wobei der Bergfried zunächst noch stehen blieb. Innerhalb von weniger als vier Jahren war die Anlage, die angeblich 90.000 Gulden kostete, vollendet. Doch schon vom Nachfolger Johann Philipps, dem letzten Trierer Kurfürsten Clemens Wenzeslaus, wurde sie so stark vernachlässigt, dass Friedrich Wilhelm von Nassau-Weilburg als neuer Eigentümer 1803 Renovierungen vornehmen musste. Nachdem Engers 1815 an Preußen gefallen war, wurde das gesamte Inventar nach Weilburg verbracht.

Von 1863–1914 diente das Schloss als Königliche Kriegsschule, später als Krankenhaus und wird heute, nachdem es von 1990–1995 leergestanden hatte, als „Akademie für Kammermusik" der Stiftung Villa Musica Rheinland-Pfalz genutzt.

Die einzige maßgebliche Abbildung der Burg von Wenzel Hollar aus dem Jahr 1636 zeigt einen rechteckigen hohen Wohnbau mit angefügtem Treppenturm. Dieser Wohnbau wurde von einem Bergfried überragt, dessen auskragende Wehrplatte ein Aufsatztürmchen trug. Weitere der

Burganlage zuzuordnende Details sind wegen des von Hollar dargestellten Pulverqualms, der auf Kampfhandlungen im Zusammenhang mit den Auseinandersetzungen um Koblenz verweist, nicht auszumachen.

Das einstige Jagdschloss wurde als Dreiflügelanlage mit deutlich vortretendem Mittelrisalit konzipiert. Ursprünglich unmittelbar am Fluss gelegen, hat vor allem die einstige Freitreppe der Rheinseite nach Anlage der Uferpromenade 1928 an Ausdehnung und Reiz verloren. Der reich durchfensterte Bau besteht über rustiziertem Sockel aus zwei Haupt- und einem Mezzaningeschoss unter hohem Mansarddach. Die Architekturgliederung ist insbesondere durch Stockwerksgesimse zur horizontalen und Pilaster zur vertikalen Gliederung gekennzeichnet. Der Mittelrisalit wird nicht nur durch seinen abgerundeten Grundriss, sondern auch durch einen Balkon im ersten Obergeschoss sowie das von Löwen flankierte Wappen mit dem Kurhut oberhalb des Hauptgesimses betont.

Schlichter gehalten sind die kurzen Seitenflügel, die einen sich in Richtung Stadt halbkreisförmig erweiternden Ehrenhof bilden. Die von Zurückhaltung geprägte Stadtfassade hat nach der letzten Sanierung durch Rückbauten und Rekonstruktionen beispielsweise der Fenster ihr originäres Aussehen weitgehend zurückgewonnen. Das gilt auch für die Außenfarbigkeit, die nach Originalbefunden wiederhergestellt wurde. Besondere Beachtung gebührt dem Hofgitter mit seinem schmiedeeisernen Prunktor aus der Erbauungszeit, dessen meisterliche Ausführung besonders bei dem filigranen Rankenwerk mit dem kunstvoll verflochtenen Monogramm des Bauherrn sichtbar wird.

Von der Innenausstattung ist vor allem auf den „Dianasaal" genannten Festsaal hinzuweisen, dessen Rokokoausstattung mittlerweile wieder in alter Pracht erstrahlt.

Luftaufnahme von Süden, 2009

Grundriss, 2009

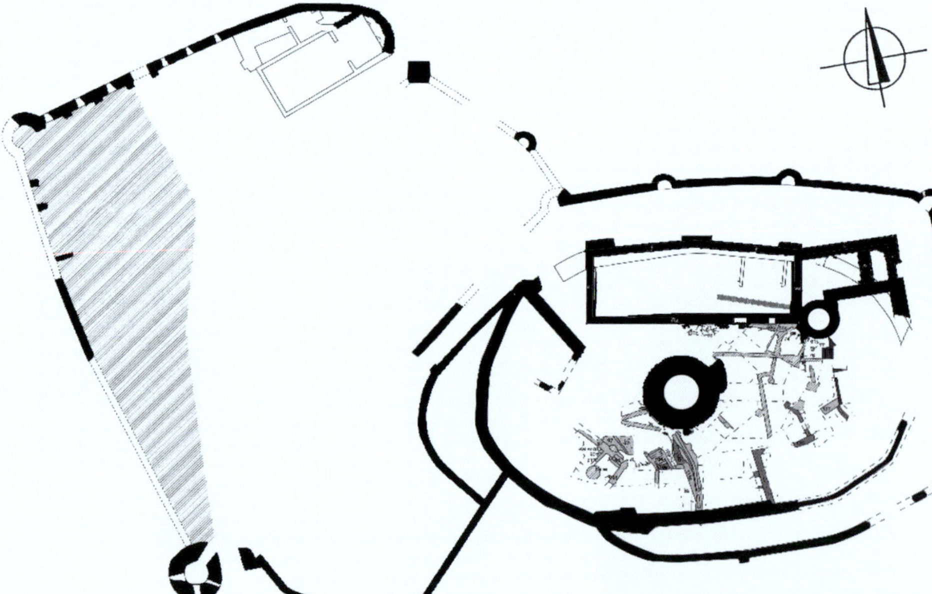

Godesburg

Wie der Zisterziensermönch Caesarius von Heisterbach in seinem 1219–1223 verfassten „Dialogus miraculorum" (Dialog über die Wunder) berichtet, hatte Erzbischof Dietrich I. von Köln (1208–1212/15) auf dem Godesberg eine Burg (*castrum in Gudinsberg*) errichten und dafür die dortige Michaelskapelle abreißen oder verlegen lassen. Ob diese Gründung tatsächlich genau am 15. Oktober 1210 erfolgte, wie eine angeblich originale Gründungsinschrift glauben machen will, muss offen bleiben. Am Baubeginn zwischen 1208 und 1212, der auch von anderen chronikalischen Schriftquellen bestätigt wird, kann jedenfalls kein Zweifel sein. Es ist durchaus möglich, den Bau der Godesburg als Reaktion des Kölner Erzbischofs auf die 1206 von König Philipp von Schwaben mit deutlicher Absicht gegen das Erzbistum Köln an der Ahr gegründete Reichsburg Landskron zu verstehen.

Unter den nachfolgenden Erzbischöfen wurde die Anlage weiter verstärkt und ausgebaut: So ließ Erzbischof Konrad vor 1249 das *castrum Gudinsberg* neben anderen, nicht näher bezeichneten Gebäuden auch durch einen neu errichteten, „starken und wunderbaren" Turm verstärken, der seit Engelbert II. (1261–74) bereits als Gefängnis genutzt wurde. Noch im 14. Jahrhundert ließ Walram (1332–49) die inzwischen vielfach als Aufenthaltsort genutzte Burg weiter befestigen. In seine Zeit fällt auch die erste Erwähnung der Burgkapelle (... *in capella palatii*) im Jahr 1344, die in den Palas integriert und dem hl. Silvester geweiht war.

Seit dem Ende des 14. Jahrhunderts wurde die Godesburg mehrfach verpfändet, bis Erzbischof Ruprecht (1463–1480) sie wieder auslösen konnte. Während des Truchsessischen oder Kölnischen Kriegs (1583–1588) wurde die Burg 1583 von niederländischen Truppen des abgesetzten Erzbischofs Gebhard Truchsess gegen ein Aufgebot Ferdinands von Bayern, Bruder des neuen Erzbischofs Ernst, verteidigt. Nach fast fünfwöchiger Belagerung und Geschützbeschuss von zwei Seiten gelang es den Belagerern, die Godesburg zu unterminieren und am 17. Dezember mit einer Mine von angeblich 1.500 Pfund Schwarzpulver teilweise zu sprengen. Bei der anschließenden Erstürmung überlebten von der Besatzung nur der Hauptmann Felix Buchner und sein Leutnant Sudermann.

Die nicht wieder aufgebaute Anlage blieb in der Folgezeit Ruine, zumal unter Kurfürst Joseph Clemens von Köln 1715 angestrengte Ausbau-

Abbildung der Godesburg auf einem Kirchenfenster in der Klosterkirche Ehrenstein (Kreis Neuwied, Rheinland-Pfalz), um 1500

pläne zu einer barocken Sommerresidenz unterblieben. Nach 1815 von Preußen beansprucht, schenkte Kaiser Wilhelm II. die Burgruine 1891 bei einem Besuch in Godesberg der Gemeinde mit der Bedingung, sie nicht zu veräußern und erhalten zu wollen. Der Einrichtung einer Gastwirtschaft 1895/96 folgten 1901 die Anlage eines breiten Fahrwegs zur Ruine und 1960 der Neubau eines modernen Restaurants (2003 saniert). Seit 2006 befindet sich im Bergfried eine Dauerausstellung zur Geschichte der Godesburg.

Auf der Spitze eines Basaltkegels oberhalb der Stadt platziert, nahm die Burg der Erbauungszeit eine ovale Grundform ein. Offenbar waren allseitig Gebäude an die Ringmauern gebaut, der runde Bergfried stand frei im Hof. Zwingeranlagen des 14. und 15. Jahrhunderts weiteten die Burg vor allem in Richtung Westen aus.

Das heutige Erscheinungsbild der Godesburg wird auch durch die modernen Einbauten bestimmt, obwohl sie sich der Ruine unterzuordnen versuchen. Abgesehen vom Bergfried scheinen keine Gebäude des 13. Jahrhunderts erhalten zu sein. Größter Baukörper war der eingeschossige Saalbau des 14. Jahrhunderts auf der Nordseite, neben dem der

Fußweg in die Burg führt. Das Haus mit seinen Zierzinnen barg einen Saal, der von einem hölzernen Tonnengewölbe abgeschlossen wurde. Diese außergewöhnliche Konstruktion ist einer der vielen Hinweise auf den starken französischen Einfluss in der Region, auch wenn sie hier wohl eher über Köln vermittelt worden sein dürfte. Ein wohnturmartiger Bau daneben wurde etwas später in der Nordostecke, die frühere Ringmauer überschneidend, an den Saalbau angesetzt und wiederum nachträglich um ein Stockwerk erhöht. Die Fugen, die den Bauablauf nachvollziehen lassen, sind von außen sichtbar. Der ruinös über drei Stockwerke erhaltene Treppenturm daneben diente der Erschließung des sogenannten Kammerbaus auf der Ostseite, an dessen Stelle heute das Restaurant liegt. Die Gebäude der Süd- und Westseite sind bis auf geringe Reste vollständig verloren und durch Neubauten ersetzt.

Der hohe Turm entstammt offenkundig unterschiedlichen Bauphasen. Sein Sockel und die ersten drei Obergeschosse einschließlich der ausladenden Konsolen datieren ausweislich der Schriftquellen und der Baubefunde in die Zeit kurz vor 1249. Die Ausführung weist bis in Details nach Frankreich und lässt einen französischen oder dort geschulten Baumeister erwarten. Weil das vierte Obergeschoss leicht abweicht,

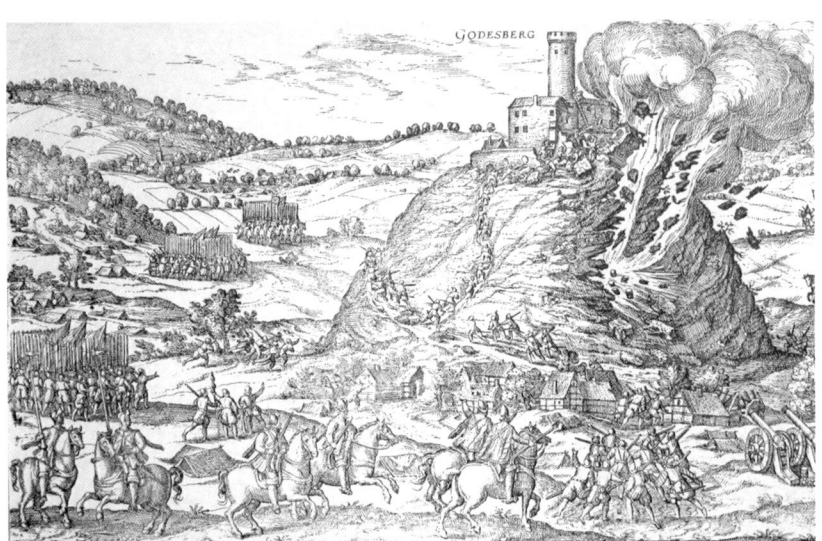

Sprengung und Eroberung der Godesburg am 17. Dezember 1583 –
Kupferstich von Franz Hogenberg nach eigener Zeichnung, vor 1587

Schießschartennischen im Bergfried, 2009

könnte eine Bauunterbrechung vermutet werden. Die obersten zwei Etagen hingegen geben sich durch anderen Verband, Fenster und genaste Kragsteinreste als Erhöhung des 14. Jahrhunderts zu erkennen. Über dem gewölbten, erst modern geöffneten Sockel liegt das originale Eingangsgeschoss mit Kamin, Wandschrank und Abort. Kennzeichnend sind neben den Treppen in der Mauerstärke die Schlitzscharten in Nischen, die ähnlich in vielen französischen Burgen anzutreffen sind. Die Räume waren zunächst mit Holzdecken ausgestattet, das Gewölbe zwischen zweitem und drittem Obergeschoss kam nachträglich hinzu. Die folgende Etage wartet erneut mit einem Kamin und dem Austritt auf die ehemalige Hurdengalerie auf. Die jüngsten Geschosse waren durch Treppenleitern verbunden, die zu der auskragenden Wehrplatte mit Aufsatzturm führten.

Der weitgehend unverfälscht erhaltene nördliche Zwingermauerabschnitt besitzt Schalentürmchen, die tourellenartig jeweils aus einem Strebepfeiler herauswachsen, was ein Indiz für ihre Erbauung im 14. Jahrhundert ist.

Von der tiefer gelegenen spätromanischen St. Michaelskapelle ist nur noch der Chorschluss bauzeitlich, der Rest dagegen ein Wiederaufbau der Jahre 1697/99 mit schöner barocker Ausstattung.

Ansicht von Norden – Kolorierte Lithographie von [Paul] Lauters nach eigener Zeichnung, vor 1854

Luftaufnahme von Norden, 2009

Grundriss, 1972

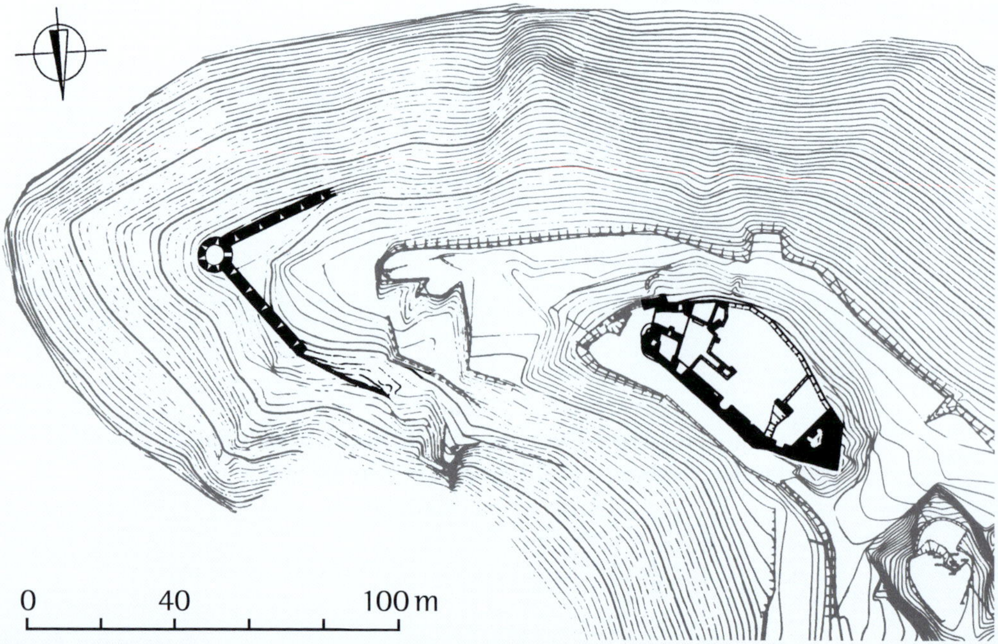

0 40 100 m

Burg Grenzau

Burg Grenzau ist eines der seltenen Beispiele, bei denen die Entstehungszeit relativ genau in den Schriftquellen festzustellen ist: 1213 bekundete Heinrich von Isenburg, eine Burg, die er „Große Freude" nannte (... *castrum* ..., *quod Gransioie nominavi*), errichtet zu haben, und einigte sich, da ein Drittel des Burgbergs Eigentum der Abtei Maria Laach war, mit dem Kloster über einen finanziellen Ausgleich. Wann zuvor Heinrich mit dem Bau begonnen hatte, bleibt unbekannt. Jedenfalls begründete er in der Folgezeit eine eigene Linie der Herren von Isenburg-Grenzau, die zunächst über seinen Sohn Heinrich II. (1213–1287) und Enkel Eberhard (1263–1291) weitergeführt wurde. Nach dem Tod Eberhards, der 1291 ohne männliche Nachkommen starb, und dem damit verbundenen Ende der ersten Grenzauer Linie der Herren von Isenburg fiel sein Erbe und damit auch die namengebende Burg zunächst an seine Brüder und schließlich an deren Söhne Dietrich von Isenburg-Arenfels (1299–1334) und Luther von Isenburg-Büdingen (1280–1341).

Im Rahmen eines zwischen 1304 und 1310 aufgesetzten Teilungsvertrags kam Grenzau an Luther von Isenburg-Büdingen, der die nördlichen Teile der Herrschaft Isenburg-Grenzau erhielt. Schon 1329 allerdings musste Luther dem Trierer Erzbischof Balduin einen Lehnsrevers ausstellen, in dem er seine Burg *Grenys* als trierisches Eigentum anerkannte. Nach dem Tod Luthers 1341 gab Erzbischof Balduin von Trier die *Burg Grensoyge* 1343 an dessen Sohn Philipp (1332/41–1370) zu Lehen aus, brachte aber ein Jahr später ein Viertel der Burg unter direkte trierische Kontrolle und setzte unmittelbar danach einen eigenen Burggrafen ein. Die energischen Verdrängungstendenzen des Trierer Erzbischofs, der Philipp 1346 dazu nötigte, eine Hälfte von Burg und Herrschaft als Lehnsbesitz und die andere als direktes trierisches Eigentum zu bestätigen, verursachten zunehmend Konflikte, die 1347 dazu führten, dass der trierische Burggraf aus der Burg geworfen wurde. Die wechselhaften, für Philipp und seinen Verbündeten Reinhard von Westerburg durchaus erfolgreichen militärischen Auseinandersetzungen (1347 Sieg über ein Aufgebot Koblenzer Bürger nahe Grenzau) konnten erst Ende des Jahres 1350 beigelegt werden. Die zwischenzeitlich 1346 auf Betreiben Balduins von Trier durch König Karl IV. in einem Sammelprivileg mit Stadtrechten begabte Ortschaft Grenzau kam in der Folgezeit nicht über die

Ansicht von Südwesten – Kupferstich von [ ] Boegehold nach unbekannter Vorlage, vor 1825

Bedeutung einer kleinen Talsiedlung hinaus. Mit dem Tod des gleichnamigen Enkels Philipps starb die zweite Grenzauer Linie 1439/40 aus.
Herrschaft und Burg fielen im Anschluss an Gerlach II. von Isenburg (1428–1483) und Graf Philipp von Nassau-Beilstein. Nachdem die nassauische Hälfte schon vor 1448 als heimgefallenes Lehen durch Erzbischof Jakob I. von Trier eingezogen worden war, erhielt 1460 Gerlach d.J. (= III.) die ganze Herrschaft nebst Burg als Lehen. Im Besitz dieser dritten Grenzauer Linie, die sich erstmals 1538 als Grafen von Isenburg-Grenzau bezeichnete, blieb beides bis zum Tod Graf Ernsts I. von Isenburg-Grenzau im Jahr 1664, wonach Kurtrier das erledigte Lehen einzog.

Die zwischenzeitlich im Verlauf des Dreißigjährigen Kriegs 1635 von französischen Truppen stark beschädigte und nicht mehr wiedererrichtete Anlage verfiel im 18. Jahrhundert zusehends. 1803 an Nassau-Weilburg und 1866 an das Königreich Preußen gekommen, befindet sich die malerische Ruine seit 1925 in Privatbesitz.

Oberhalb eines steilen Felsvorsprungs, der von einem Bach umflossen wird, erheben sich die Ruinen der Burg mit ihrem außergewöhnlichen Bergfried in Spornlage. Der Grundriss zeigt eine von Nordwest nach

Ansicht des Bergfrieds von Südosten, 2009

Südost orientierte gestreckte Anlage mit einst etwa parallelen Langseiten und einem verzogenen Torbau nebst Rundturm auf der Rückseite. Hinter dem breiten Halsgraben erhebt sich in Frontlage der Bergfried über dreieckigem Grundriss. Diese äußerst seltene Form ist als Reduktion des mit einer Spitze der Angriffsseite zugewandten fünfeckigen Bergfrieds zu verstehen. Reste eines Zwingers östlich der Burg neben dem heutigen Weg lassen weitere ehemalige Wehrmauern erahnen, die ansonsten völlig verloren sind.

Welche Gestalt die Burg der Jahre um 1213 hatte, ist völlig unklar. Vor kurzem konnte der Bergfried auf die Jahre um 1252 datiert und damit

Ansicht von Osten – Zeichnung von Leopold Eltester, 1847

als ältester Bestand nachgewiesen werden. Dies betrifft jedoch nur die ältesten Teile. Bei genauer Betrachtung wird eine Vielzahl von Fugen und Rissen deutlich, die auf umfangreiche Umbauten und Reparaturen hindeuten. Hierbei wurde ausweislich von Bauforschungen nach einer Zerstörung etwa der halbe Turm um 1520 neu erbaut. Während die Nordseite gänzlich neu erstand, war auf der Ost- und Hofseite der ältere Turm teilweise noch bis ins dritte Obergeschoss erhalten. Das Innere besteht in jeder Etage aus einem flach gewölbten runden Raum sowie einem Gang, der zu einer Treppe innerhalb der Mauerstärke führt. Erst die beiden obersten Stockwerke besitzen einen anderen Grundriss, was durch ihren Wiederaufbau zu erklären ist. Während die der Belichtung des Treppenhauses dienenden kleinen Fenster auf der Hofseite noch unverändert der ersten Bauzeit angehören, sind die übrigen Öffnungen, darunter auch der ursprüngliche Hocheingang im ersten Obergeschoss, modern überformt. Die erhaltene Ostmauer zeigt wiederum zahlreiche Veränderungen: So lassen sich ein eingestellter Treppenturm, erkennbar anhand des kreisrunden Verbands, als auch anstoßende Quermauern und Fensteröffnungen als spätere Ergänzungen des 15./16. Jahrhunderts identifizieren.

Ansicht der Kernburg von Nordosten, 2010

Die auffälligsten modernen Umbauten sind am alten Torbau zu sehen, wobei moderne Beifügungen an Form und Verputz deutlich ablesbar sind, von außen jedoch nicht auffallen. Wie eine Baufuge auf der Außenseite nahelegt, sind Torbau und anstoßende Ringmauer zu unterschiedlichen Zeiten entstanden. Auch der leicht zurücktretende Aufsatz des Turms scheint einer späteren Baumaßnahme anzugehören.
Südlich unterhalb der Burg liegen die Reste eines Vorwerks, das den im Tal vorbeiziehenden Weg kontrollieren sollte. Zwei spitzwinklig angelegte Flankenmauern sind mittels eines Rundturms scharnierartig verbunden. Fünf Schießscharten in jeder Mauer sowie im Turm geben Zeugnis von der hohen Verteidigungsfähigkeit. Ihre Ausprägung für den Gebrauch von Feuerwaffen ist nicht nur wegen der teilweise verwendeten Maulscharten erkennbar, auch die kleinen Öffnungen für den Abzug des Pulverqualms oberhalb der Scharten sowie die Prellholzrasten (= Ausnehmungen für Prellhölzer, an denen Hakenbüchsen zur Rückstoßminimierung eingehängt werden konnten) in den Laibungen bestätigen dies nachdrücklich. Das einst überdachte Vorwerk kann demzufolge ins ausgehende 15., wahrscheinlicher aber ins 16. Jahrhundert datiert werden.

Luftaufnahme von Süden, 2009

Grundriss, 1902

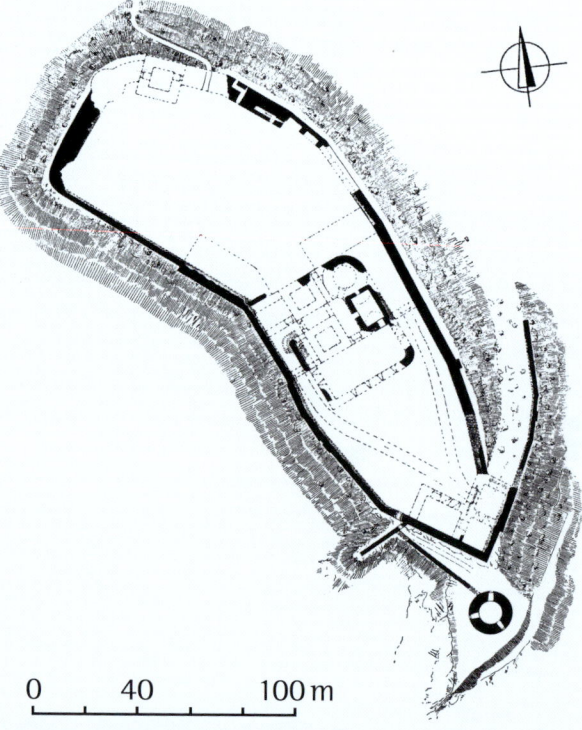

Burg Hammerstein

Die vergleichsweise geringen Überreste des Hammerstein werden heute leider in nur sehr geringem Maß wahrgenommen, obwohl es sich bei dieser Anlage um die nach Aussage der Schriftquellen älteste Burg am Mittelrhein handelt. Erwähnt wird sie erstmals 1020 am Ende eines drei Jahrzehnte andauernden Streits um die Rechtmäßigkeit der Ehe von Otto, Gaugraf in der Wetterau und im Engersgau, und seiner Frau Irmgard. Als Antwort auf die Exkommunikation des Grafenpaares durch Erzbischof Erkinbald von Mainz auf einer Synode in Nimwegen/Nijmegen 1020 verwüstete Otto, der in erzählenden Schriftquellen meist als „Graf Otto von Hammerstein" (... *Ottonem comitem ... de Hamerstein*) bezeichnet wird, mainzisches Gebiet, was wiederum Kaiser Heinrich II. dazu veranlasste, die Burg im Spätherbst zu belagern. Nach drei Monaten erfolgloser Bemühungen gelang es schließlich, die Besatzung auszuhungern und am 26. Dezember 1020 zur Übergabe zu zwingen. Der Kaiser war dabei zumindest während der letzten Phase der Belagerung vor Ort und verbrachte das Weihnachtsfest unterhalb der Burg im Ort Hammerstein.
Nach Erlöschen des Grafengeschlechts 1034/36 wurde die Burg als Reichsgut und somit als Reichsburg behandelt. Offensichtlich waren die Gebäude aber während der erwähnten Belagerung oder in den Jahren danach stark in Mitleidenschaft gezogen worden, so dass sich König Heinrich IV. 1071 genötigt sah, die von seinen Vorgängern vernachlässigte Burg (*castellum Hamerstein*) „mit höchstem Aufwand" wiederaufzubauen. Seit dieser Zeit ist davon auszugehen, dass Reichsministerialen die Betreuung der Reichsburg übernahmen (ab 1110/29 belegt). Spätestens seit 1074 existierte bei Hammerstein eine Zollstätte, eine Münzstätte seit 1215.
Im November des Jahres 1105 von Mainz kommend, hielt sich Kaiser Heinrich IV. auf der Flucht vor seinem Sohn Heinrich V. einige Zeit auf dem Hammerstein auf und dürfte bei dieser Gelegenheit die Reichsinsignien der Burgbesatzung übergeben haben. Doch nur knapp einen Monat später geriet er durch eine List in die Gefangenschaft seines Sohns und musste nicht nur förmlich dem Königtum entsagen, sondern zudem die Herrschaftszeichen und die noch kaisertreuen Burgen ausliefern.
Unter Heinrich V. (1106–1125) lässt sich ein rascher Bedeutungsaufschwung der Burg beobachten: 1110 diente die Anlage für Hermann, den

Ansicht von Norden – Kupferstich von Matthäus Merian d.Ä. nach unbekannter Vorlage, vor 1646

Sohn des thüringischen Grafen Ludwig des Springers, und für den 1107 gestürzten Herzog Bořiwoj II. von Böhmen (1100–1107) und dessen Schwager Wiprecht II. von Groitzsch als Gefängnis. Reichsministerialen von Hammerstein fungierten mehrfach als Gesandte mit wichtigen politischen Aufgaben. 1125 bestimmte der sterbende Kaiser die Überführung der Reichsinsignien vom Hammerstein, auf dem sie seit ungewisser Zeit, vielleicht noch seit 1106, lagen, auf die pfälzische Burg Trifels.

Obwohl die Burg von nun an nicht mehr als Aufbewahrungsort der Herrschaftszeichen und als Gefängnis diente, blieb sie weiterhin von Bedeutung. Wie auch bei anderen Reichsburgen üblich, wurde den reichsministerialischen Burgmannen ein ebenfalls der Ministerialität entstammender Burggraf vorgesetzt, der sich erstmals 1202 unter König Philipp von Schwaben mit einem Arnold (*Arnoldus burgravius ... de Hamerstein*, belegt bis 1216/18) nachweisen lässt. Dieses Geschlecht der Burggrafen von Hammerstein bestand bis zu seinem Aussterben im 15. Jahrhundert und gelangte über die Erblichkeit des Amts rasch zu einer begrenzten Selbstständigkeit. 1255 weilte mit König Wilhelm (von Holland) letztmals ein römisch-deutscher König auf der Anlage.

Mit der Übertragung des Hammerstein durch Kaiser Karl IV. auf das Erzbistum Trier 1374 war seine Zeit als Reichsburg faktisch beendet. Nach dem kinderlosen Ableben Burggraf Wilhelms 1409 zog Erzbischof Werner von Trier eine Hälfte der Burg ein und ernannte mit Werner von Eich einen Amtmann. Wie der 1410 mit Burggraf Ludwig vereinbarte Burgfrieden belegt, hatte der Erzbischof schon kurz zuvor das Tor und den Turm erneuern lassen. 1431 gelangte Graf Ruprecht V. von Virneburg in den Pfandbesitz der Burg, an der er 1434 die Summe von 1.500 Gulden verbauen sollte. Bei letzten Reparaturarbeiten 1576 wurden 96 neue Fenster eingesetzt und 30 Türen (nicht Türme, wie ansonsten zu lesen!) ausgebessert.

Dreieckiges Wachssiegel Gundolfs von Hammerstein mit drei schräg rechts gestellten Hämmern, 1230/31

Während des Dreißigjährigen Kriegs besetzten 1633 schwedische und 1646 lothringische Truppen den Hammerstein, der schließlich 1654 nach dem Rückfall an das Erzbistum Trier auf Befehl des Erzbischofs umgehend geschleift wurde, um weiteren Fremdbesatzungen vorzubeugen.
Bedauerlicherweise ist an der sowohl hinsichtlich ihrer historischen Bedeutung als auch ihrer Größe imposanten Burg bislang keine fundierte Bauforschung erfolgt, die zu neuen Erkenntnissen über Gebäude oder Bauphasen hätte führen können. So ist noch nicht einmal der rund 100 Jahre alte Grundriss korrekt, vermutet dieser doch beispielsweise Türme innerhalb der nördlichen Ringmauer, was ohne jeglichen Befund allein auf der Darstellung in einem Kupferstich von vor 1646 gründet.
Die Burg liegt auf einem zum Rhein schroff und zur anderen Seite hin sanft abfallenden Bergrücken oberhalb des gleichnamigen Dorfs und weist eine nierenähnliche Grundform auf. Bei einer Gesamtlänge von etwa 120 Metern und einer annähernd gleichbleibenden Breite von etwa 35 Metern gehört der Hammerstein zu den größten Burgen des Hochmittelalters am Rhein. Von dem einheitlichen, leicht gebogenen Grundriss weichen ein östlicher, kammertorartig ausspringender Zugang sowie ein an die Südspitze vorgeschobener Rundturm ab. Ein sichelförmiger Graben ist gegenwärtig noch ansatzweise nördlich und nordöstlich der Burg wahrzunehmen. Bebaute Strukturen sind allein in der Mitte der Burg bekannt, heute jedoch zum großen Teil verschwunden oder unter Gestrüpp versteckt.

Ansicht von Südwesten – Kupferstich von N.N. nach unbekannter Vorlage, vor 1629

Ansicht des sog. Mühlenturms von Nordwesten – Lithographie von Aimé Henry nach eigener Zeichnung, o.J. [vor 1838]

Markantestes Bauelement ist der über dem rheinseitigen Steilhang stehende Sockel des sogenannten Mühlenturms. Der im Spätmittelalter wohl kurz vor 1410 erbaute Turm besaß im Erdgeschoss drei Fenster, deren eine Öffnung heute vermauert ist. Er besteht aus quaderähnlichem, teilweise zweitverwendetem Basalt, der abwechselnd mit Lagen von Bruchstein in reichlich Kalkmörtel versetzt ist. Die benachbarte Westmauer der Burg zeigt zumindest in den einsehbaren Bereichen ein sorgfältiges kleinformatiges Schichtenmauerwerk, das gewiss dem Hochmittelalter angehört. Der im Inneren etwa zentral gelegene Kernbereich war gemäß den wenigen historischen Abbildungen mit zahlreichen Gebäuden bebaut. Über den Resten eines dieser Gebäude wurde vor kurzem ein Wochenendhaus errichtet, so dass sich die Situation dort noch unklarer darstellt als zuvor. Verschiedene Mauerzüge, die ihrer Außenschale beraubt waren, wurden mit Basaltplatten verkleidet, um ihnen ihr historisches Gepräge wiederzugeben. Dabei wurde auch darauf geachtet, die originalen Löcher der Rüsthölzer nachzubilden.

Bedeutendstes Relikt der Burg ist zweifellos der nordöstliche Bering, die sogenannte Barbarossamauer. Die nur in geringem Umfang erhaltene Mauer von bis zu 4,2 Metern Stärke weist als Besonderheit zwei dicht beieinander liegende Gänge innerhalb der Mauerstärke auf. Auf der Feldseite präsentiert sich die Mauer, wo im Ursprungszustand erhalten,

Ansicht des sog. Mühlenturms von Nordwesten, 2010

als sorgfältiger Verband aus Basaltquadern unterschiedlicher Schichthöhen, die vereinzelt grob behauene Buckel aufweisen. Diese Buckelquader gehören sicherlich zu den ältesten bekannten im deutschen Sprachraum und gleichen denjenigen am Bergfried der unweit entfernten Burg Rheineck. Auch der durch den Abbruch im Querschnitt zu begutachtende Mauerkern weist durch seine teilweise im Fischgrätverband („opus spicatum") gesetzten Bruchsteine auf ein hohes Alter hin. Die mannshohe Öffnung auf der Außenseite rührt von einem Aborterker her, welcher durch einen gewölbten Gang in der Mauer erreicht werden konnte. Sein deutlich über dem Boden liegender originaler Zugang auf der Innenseite legt jedoch durch den unsauberen Einbau im ansonsten sorgfältigen Verband den Verdacht eines späteren Umbaus nahe. Derartige Reparaturspuren sind nicht nur oberhalb der Türöffnung zu entdecken, wo sich Material und Art des Versatzes deutlich unterscheiden. Der südlich anschließende Bereich mit dem zweiten Gang, der früher zu einem Wehrgang auf der Mauer führte, ist ausweislich der Bauweise ebenso offensichtlich Produkt einer späteren Bauphase wie der folgende Mauerabschnitt mit seinen Wehrgangbögen.

Nordostteil der Ringmauer (fälschlich „Barbarossamauer" genannt) von Süden, 2010

Luftaufnahme von Westen, 2009

Grundriss, 1930

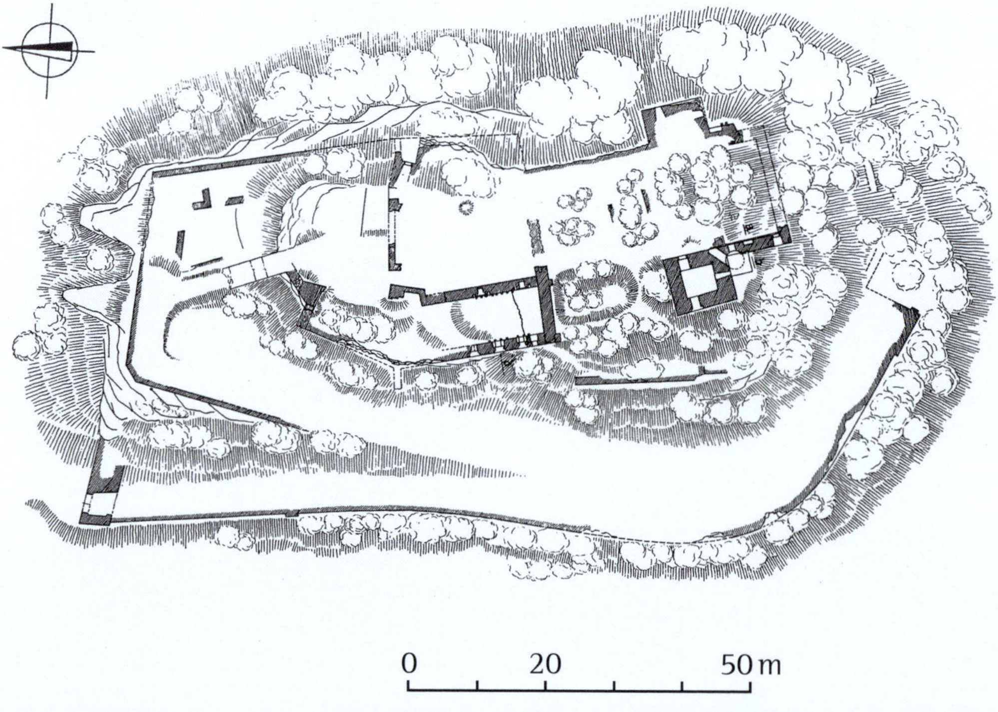

0 20 50 m

Isenburg

Die malerisch im Sayntal gelegene Isenburg ist der Stammsitz der bedeutenden edelfreien Herren von Isenburg, die erstmals zweifelsfrei mit einem Brüderpaar Reinbold und Gerlach in einer Urkunde Erzbischof Brunos von Trier für das Stift Münstermaifeld im Jahr 1103 erwähnt werden. Inwieweit diese Nennung mit der Existenz einer Burg gleichgesetzt werden darf, bleibt unklar, da eindeutige Zubenennungen wie etwa „castrum", „Burg" oder Ähnliches für das 12. Jahrhundert nicht aufzufinden sind. Dementsprechend besteht durchaus die Möglichkeit, dass sich die Herren von Isenburg nach ihrer gleichnamigen Ortschaft benannten. Gemäß den Erkenntnissen der Bauforschung darf aber als sicher gelten, dass spätestens um 1175 eine Burg existierte. Bemerkenswert bleibt auch die Tatsache, dass mutmaßliche Angehörige des zweifellos edelfreien Geschlechts von Isenburg in mehreren bischöflichen und königlichen Urkunden des 12. Jahrhunderts als Grafen bezeichnet werden.

Aus den ohnehin recht spärlichen relevanten Schriftquellen lässt sich nach derzeitigem Stand der Forschung das Folgende erschließen: Erstmals, wenn auch nur indirekt gesichert, erscheint eine Burg in Isenburg im Jahr 1218, als ein Heinrich (*Henricus burcgravius de Isemburc*) als Burggraf auf der Isenburg amtierte und vor seinem Aufbruch zum 5. Kreuzzug (1217–1221) der Abtei Rommersdorf für den Fall seines Todes einen Hof schenkte. Auf der Anlage tätige Burgmannen ohne genauere Zubenennung (... *castrensibus de Isenburch*) werden zum ersten Mal in einer Urkunde des Jahres 1245 erwähnt, zu denen 1270 Jakob von Heimbach, 1375 ein Riffrid und 1377 Johann von Altendorf und Philipp von Kane gehörten.

Vorgänge des 14. Jahrhunderts verdeutlichen, dass die Isenburg spätestens zu dieser Zeit Eigentum der Abtei Fulda war und von dieser an die Herren von Isenburg als Lehen ausgegeben wurde. Wie lange diese Eigentumsverhältnisse zurückreichen, lässt sich allerdings nicht mehr nachvollziehen, doch blieb es bei der Lehnshoheit des Klosters bis zum Ende des Alten Reichs 1806 (letztmalige Belehnung 1804). Die Verzweigung des Isenburger Geschlechts in zahlreiche Linien seit dem späten 12. Jahrhundert bedingte auch eine Zersplitterung der Besitzanteile auf der Stammburg, die erstmals 1335 durch einen Burgfrieden geregelt wurden. Zweifellos daraus resultieren ebenfalls die der besseren Unter-

Abriß des Schloß und Thals Isenburg samt umliegenden Örtern und Bezirk Maischeider Kirchspiels, *Detail: Abbildung der Isenburg von Westen – Kolorierte Federzeichnung von N.N., 1677*

scheidbarkeit und Zuweisung dienenden Benennungen einzelner Burggebäude wie etwa des Hauses Kobern (1347), des Falkenhauses (1377), des Hauses Runkel (1492) und des Wiedischen Hauses (1527). Im Teilungsvertrag von 1373 werden darüber hinaus ein Torhaus (*portzhuys*), eine Brücke (*Brouck*), die niederste Pforte (*nyederste portze*), ein Brunnen (*putz*) und mehrere Wohngebäude (*houestat*) erwähnt.

Nach zahlreichen Teilungs- und Erbgängen befand sich die Isenburg im frühen 16. Jahrhundert im gemeinsamen Lehnsbesitz des sich seit 1538 als „Graf von Isenburg" bezeichnenden Heinrich von („Nieder-")Isenburg (1519–1551) sowie Graf Johanns von Wied (1485–1531). Nach dem Tod Graf Ernsts von („Nieder-")Isenburg 1664 zog die Abtei Fulda das Lehen ein und verlieh es an die Freiherren von Walderdorff, die sich 1665 mit Graf Friedrich von Wied über eine erneute Aufteilung einigten.

Die 1638 noch als Witwensitz genutzte Burg verfiel in der Folgezeit, ohne dass sich in irgendeiner Form eine gewaltsame Zerstörung erkennen ließe. Heute wird die noch immer dem 1791 gefürsteten Haus Wied gehörende Ruine vom 2005 gegründeten Freundeskreis Isenburg e.V. engagiert betreut.

Die auf einem Felsplateau über der Sayn gelegene Burg zeigt einen um Regelmäßigkeit bemühten langgestreckten Grundriss, was vor allem

Ansicht von Westen – Kupferstich von [ ] Boegehold nach unbekannter Vorlage, vor 1825

den spätmittelalterlichen Zwinger- und Vorburgmauern zu verdanken ist, welche die höher gelegene Kernanlage im Norden, Westen und Südwesten umschließen. Aktuelle Bauforschungen haben zahlreiche Erkenntnisse über die Bauzusammenhänge erbracht.

Man gelangt zu den Ruinen über den alten Burgweg, der nur im unteren Bereich vom historischen Verlauf abweicht. Zu Beginn ist der Rest des ersten Torhauses innerhalb von Privatgrundstücken erhalten. Von der etwa trapezförmigen Vorburg verdient, abgesehen von der nicht über Bodenniveau erhaltenen Ringmauer und geringfügigen Gebäuderesten, vor allem die Brücke Beachtung. Die gemauerte Rampe, die über einen kurzen Bogen führt, steht im alten Graben und ersetzt die mittelalterliche Holzbrücke.

Das Kernburgplateau beginnt nahe der Brücke mit den unscheinbaren Resten eines Baus, der aufgrund seiner Lage als das historisch belegte „Pfortenhaus" angesehen wird. Die meisten Gebäude stehen auf der Westseite, wo die Reste zweier Häuser sowie die Ruine des Hauptturms zu finden sind. Das nördliche Haus zeigt noch einen Teil der Südfassade mit mehreren Fensteröffnungen und den Zugang zu einem ehemaligen Aborterker, während im Erdgeschoss der niedrigen Hofseite zwei Kamine zu erkennen sind. Das Gebäude datiert spätestens

Nordwestlicher Wohnbau von Westen, 2009

ins 14. Jahrhundert und ist damit jünger als der südlich folgende Bau, dessen hoch aufragende Giebelwand von ihm genutzt wird. Die zugehörige Baufuge ist an der Außenseite deutlich ablesbar. Von jenem zweiten Haus sind oberirdisch lediglich die Giebelwand und Abdrücke von Giebeln am südlich anstoßenden Turm zu sehen.

Ältester Bestandteil der Burg ist der quadratische Turm, der jüngst auf die Jahre um 1175 datiert werden konnte. Er besaß vier Etagen nebst Wehrplatte und erinnert in seinem Erscheinungsbild an einen Wohnturm. Da er jedoch nahezu gleichzeitig mit dem anschließenden quer am Südhang stehenden Wohnhaus erbaut wurde, sollte er eher als Mischform aus Bergfried und Wohnturm gedeutet werden, dem sowohl Wehr- als auch Repräsentationsfunktion und eingeschränkt eine Wohnnutzung zugekommen sein wird. Bei dem kleinen Anbau auf seiner Südseite handelt es sich um einen Abortturm mit einer Öffnung am Fuß zur Entsorgung der Fäkalien.

Dieser Abortturm wurde auch vom östlich anstoßenden Wohnbau über einen hölzernen Gang entlang der Giebelwand erreicht, dessen Türöffnung und Balkenauflager noch vorhanden sind. Viele Details erhellen das Bild des einst architektonisch beachtlichen romanischen Bauwerks aus dem späten 12. Jahrhundert: Die Schauseite des viergeschossigen Gebäudes lag in Richtung Tal und imitierte mit Hilfe von Putz sorgfäl-

Turmruine (links) und Reste des südlichen Wohnbaus von Süden, 2010

tiges Quadermauerwerk. Großzügige, farbig gefasste Rundbogenfenster mit Säulchen akzentuierten zumindest den Saal im ersten Obergeschoss. Ein Schlussgesims gliederte den Bau, wie in situ (= am Originalort) erhaltene Werksteine beweisen, Putz- und Farbreste im Inneren verraten Einzelheiten über die Gestaltung der Räumlichkeiten.

Die Ostseite der Burg scheint weniger Gebäude aufzuweisen. Ein kleiner Anbau unbekannter Funktion stand mit dem romanischen Haus in Verbindung, dürfte aber erst ins Spätmittelalter datieren.

Luftaufnahme von Südwesten, 2009

Grundriss, 1910

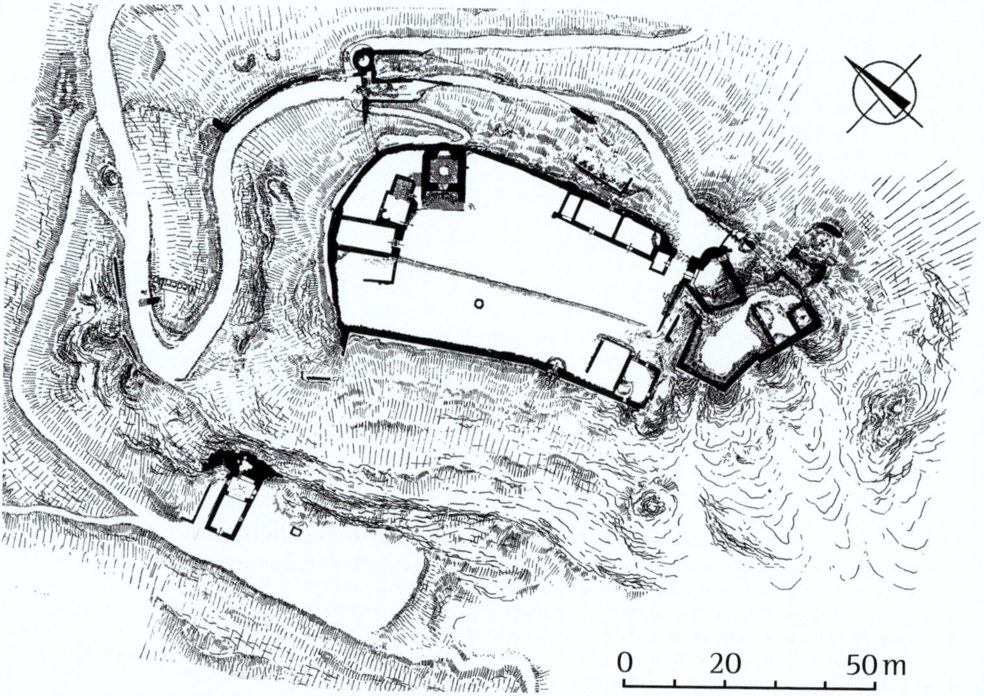

Burg Landskron

Burg Landskron wurde 1206 während des staufisch-welfischen Thronstreits zwischen Philipp von Schwaben und Otto von Braunschweig (1198–1208) von Philipp errichtet. Vorangegangen waren militärische Auseinandersetzungen im Gebiet um das niederrheinische Wassenberg, dem sich erfolglose Verhandlungen angeschlossen hatten. König Philipp bezog daraufhin mit seinem Heer zwischen Remagen und Sinzig Stellung und ließ, wie die erste Fortsetzung der Kölner Königschronik berichtet, auf einem „Gimmich genannten Berg" (... *montem quendam dictum Gimmich*) oberhalb der Ahr eine „sehr feste Burg" errichten, der er den Namen „Landeskrone" verlieh (... *castrum satis firmissimum ... Landiscrone*). Das damit zu den Reichsburgen zählende Landskron wurde von einem Reichsministerialengeschlecht von Sinzig betreut, das zunächst nur als Burgmannen, dann ab der Mitte des 13. Jahrhunderts als Burggrafen amtierte.

Nach dem Tod König Philipps 1208 wurde Otto von Braunschweig für wenige Jahre unbestrittener Herrscher und erhielt dadurch auch Burg Landskron. 1212 nahm er bei einem Aufenthalt vor Ort eine unterhalb gelegene und von ihm selbst gestiftete Kapelle (... *capellam sub castro nostro de Landscronen*) in Schutz und befreite sie von allen Abgaben. Der von Otto als Befehlshaber belassene Gerhard/Gerichwin von Sinzig verteidigte die Reichsburg 1214 gegen Belagerungstruppen des neuen Gegenkönigs Friedrichs II., ergab sich jedoch dem Staufer spätestens im Juli 1215. Um 1240 wird mit Gerhard (II. von Sinzig) erstmals ein Burggraf erwähnt, welcher der reichsministerialischen Burgmannschaft vorgesetzt war und vehement die königlichen Interessen gegenüber dem Erzbistum Köln wahrte. Mit der Gefangennahme Gerhards und seiner Brüder konnte Erzbischof Konrad von Köln 1248 die Reichsministerialen jedoch zu weitreichenden Zugeständnissen zwingen und damit auch Burg Landskron neutralisieren. Dennoch gelang es Gerhard und den folgenden Generationen, eine eigene Herrschaft aufzubauen, was sich sehr deutlich in der seit dem 14. Jahrhundert erkennbaren Umbenennung in „Herren von Landskron" widerspiegelt.

Nach dem Tod Gerhards IV. von Sinzig/Landskron und dem Aussterben der Burggrafenfamilie 1370 kam die Herrschaft über weibliche Erbfolge an seine Schwiegersöhne Hermann von Einenberg, Dietrich von Schönberg und Friedrich von Tomburg. Bisher nachgewiesene Belehnungen

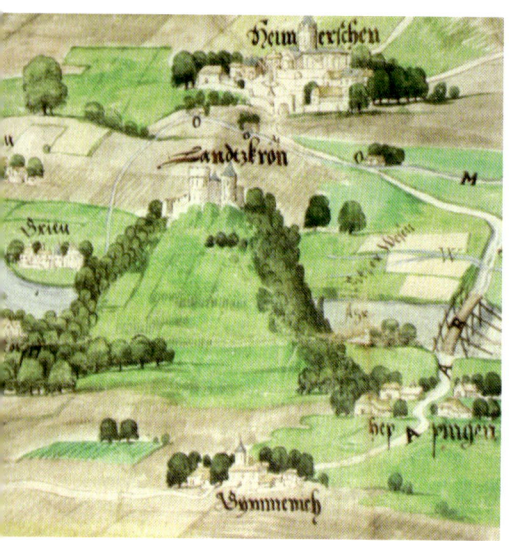

[Karte des unteren Ahrtals], Detail: Abbildung der Burg Landskron von Osten – Kolorierte Federzeichnung von N.N., 1570/71

durch die römisch-deutschen Könige bis 1494 belegen, dass die Burg dabei wenigstens bis zu diesem Zeitpunkt Eigentum des Reichs blieb. In den folgenden Jahrhunderten folgten zahlreiche Teilungen, bis die Herrschaft mit der Eingliederung in die französische Republik 1801 endgültig endete. Die Burg selbst wurde im 17. Jahrhundert mehrfach von wechselnden Truppen besetzt und noch nach 1659 durch den Mitbesitzer Herzog Philipp Wilhelm von Pfalz-Neuburg und Jülich-Berg (1615–1690) mit einer Garnison versehen. 1677 durch Feuer stark beschädigt, wurde zunächst 1682 der Kronenturm gesprengt und schließlich noch im selben Jahr auch der Rest der Anlage niedergelegt. 1889 gründete sich ein Verein zur Rettung der Burg,

Ansicht des Burgbergs von Westen – Stahlstich von [Henry] Winkles und [ ] Lehmann nach Zeichnung von C[arl] Schlickum, o.J. [um 1850]

deren Terrain nach Übernahme durch den Kreis Ahrweiler 1906 und 1910 teilweise ergraben wurde. Eine zu Beginn des 20. Jahrhunderts errichtete Gaststätte wurde nach Zerstörungen 1945 und durch Brand 1949 nicht mehr aufgebaut. Nach weiteren Beschädigungen durch ein Erdbeben 1992 folgten letztmals 1999 Sanierungs- und Sicherungsmaßnahmen im Bereich des Tors zur Kernburg.

In den Urkunden des in Teilen erhaltenen, aber bisher nur unmaßgeblich ausgewerteten Archivs der Herrschaft Landskron haben sich vielfach Hinweise auf zahlreiche Gebäude der Burg erhalten. Insbesondere eine im Vorfeld des Erbgangs von 1370 ausgestellte Urkunde aus dem Jahr 1366 verdient eine nähere Betrachtung: Genannt werden auf der in Ober- und Niederburg geschiedenen Anlage unter anderem das Mühlenhaus, Ställe, das Mittertor, die beiden untersten Kapellen in der Niederburg, die Klause, der große Turm, ein Ziehbrunnen, zwei Backhäuser, Waffenhäuser, ein Erker hinter der Kapelle, der kleine Turm am untersten Tor, ein Kelterhaus, Torhäuser sowie ein sich um die Burg ziehendes Gebück (= als Annäherungshindernis angelegte Hecke aus miteinander verflochtenen Bäumchen und Büschen).

Von der einst bedeutenden und großen Burg auf einem Basaltkegel oberhalb des Mündungstals der Ahr haben sich bedauerlicherweise fast

Blick von Nordwesten aus der Nieder- zur Oberburg, 2010

Ruine des Tors zur Niederburg von Nordosten, o. J. [um 1910]

keinerlei bauliche Reste erhalten. Die bereits ohne vorgelagerte Zwinger etwa 100 Meter lange und 40 Meter breite Anlage bestand zum einen aus einem langgestreckten Plateau, das der Niederburg als Standort diente. Daran schloss sich nach Süden auf etwas erhöhtem Felsmassiv die deutlich kleinere Oberburg an. Zwinger sind für die Nord- und Ostseite nachweisbar, während ein Stück weiter unten am Westhang noch eine von mehreren Kapellen existiert. Die Vormauern der Burg hatten vor allem die Aufgabe, den sich den Berg hinaufwindenden Zufahrtsweg zu sichern, der auch heute als Zugang fungiert. Vom ersten Tor, dem Niedertor, steht ein kleines Stück Mauerwerk aufrecht. Es besteht aus grob quaderartig zugerichtetem, schichtenweise versetzten Basalt, der sich mit Lagen von Schieferbruch abwechselt.

Die im Grundriss von 1910 verzeichneten Überreste sind mittlerweile zu weiten Teilen in ihrer Substanz reduziert oder gar vollständig abgegangen. Das gilt für die Mauern und das mittlere Tor entlang des Burgwegs und insbesondere für die Bauten innerhalb der Burg. Gerade im Nordabschnitt der Niederburg angesiedelte Gebäude, deren Überreste nach den Freilegungen Anfang des 20. Jahrhunderts noch deutlich sichtbar waren, wurden durch den Bau der Gaststätte vollständig zerstört.

Ruine des Tors zur Niederburg von Norden, 2010

Das meiste über Bodenniveau liegende Mauerwerk befindet sich im Bereich des ehemaligen oberen Burgtors. Ein Teil des südlichen Torgewändes aus Trachytquadern, in das ursprünglich Säulen eingestellt waren, vermittelt eine kümmerliche Vorstellung der einstigen Architektur. Unmittelbar daneben liegen die Reste eines geringfügig erhaltenen Gebäudes, das sich in Richtung Oberburg erstreckte.

Das Plateau ist in eine tiefere West- und eine Osthälfte aufgeteilt, wobei deren nördlicher Teil heute durch die übererdete Terrasse der ehemaligen Gaststätte noch etwas höher liegt. Bauliche Strukturen von einem der zahlreichen schriftlich belegten Gebäude befinden sich im Südostteil hinter einem Geländer. In der gegenüberliegenden Ecke war vor einigen Jahren noch ein Backhaus mit Ofen erkennbar. Von diesem Standort aus hat man den besten Blick auf die einzig unverändert erhaltene Mauerpartie der Oberburg: Mehrere Lagen von Säulenbasalt bilden an der Stelle die Ringmauer, über der sich wahrscheinlich der Bergfried erhob. Die heutige Treppe zur Oberburg, wo beinahe kein Stein mehr auf dem anderen steht, liegt am Ort der originalen Treppenverbindung.

Die unterhalb auf der Westseite anzutreffende Kapelle ist ein einfacher, verputzter Rechteckbau, dessen Mauerwerk nach Ausweis des Türgewändes noch auf den Anfang des 13. Jahrhunderts zurückgehen dürfte.

Luftaufnahme von Südwesten, 2009

Grundriss des Erdgeschosses, 1984

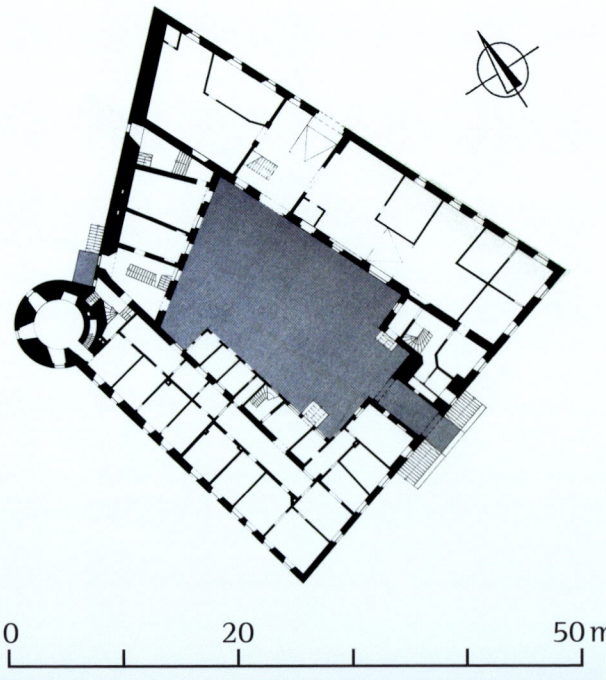

Burg Linz

Burg Linz wurde 1365 durch Erzbischof Engelbert III. von Köln errichtet. In besagtem Jahr bekundete Engelbert, dass das Kölner Domkapitel ihm aus seiner Geldkiste im Zollhaus von Bonn 800 Gulden für „unser neues Bauwerk in Linz" (... *ad usus novi edificii nostri apud Lyns*) zur Verfügung gestellt hatte. Im Gegenzug verpflichteten sich die Linzer Bürger ebenfalls 1365, die Anlage für das Erzbistum Köln zu hüten. Bereits ein Jahr später verpfändete Erzbischof Engelbert III. allerdings neben zahlreichen anderen Städten, Orten, Burgen und Rechten auch Stadt und Burg Linz an seinen Koadiutor, Erzbischof Kuno von Trier. Erst seinem Nachfolger Erzbischof Friedrich III., der mehrfach in Linz urkundete (1374 ... *in castro Lynssensi*), gelang es 1376, die Pfandsumme zurückzuzahlen. Doch schon 1384 musste er die Burg und die Hälfte des Zolls erneut an den Trierer Erzbischof versetzen.

Für das Jahr 1456 sind in der anlässlich einer Verpfändung ausgestellten Teilungsurkunde wichtige Details greifbar: Die drei Pfandeigner Graf Heinrich von Nassau (Dompropst in Mainz), Graf Philipp von Katzenelnbogen und Frank d. Ä. von Kronberg vereinbarten eine Nutzung der Burg dergestalt, dass Heinrich mit Ausnahme einer großen, gemeinsam zu nutzenden Stube das Gebäude rechts des Eingangs mit Küche, Stuben und Schrankkammern erhalten sollte. Der Rest der Anlage kam dem Katzenelnbogener Grafen und Frank von Kronberg zu, darunter auch der „Gang" zu den Räumlichkeiten in Zollhaus und städtischem Torturm, zu denen alle drei Beteiligten je einen Schlüssel erhielten. Von den Speichern erhielt Heinrich die Dachböden von Stallgebäude und Kelterhaus, während alle anderen unter die Verfügungsgewalt der beiden anderen Pfandeigner fielen. Gemeinschaftlich zu nutzen waren darüber hinaus die Stallungen, das vor der Burg gelegene Kelterhaus und die vor dem Graben gelegenen Gärten. Vom ebenfalls gemeinsam zu bestellenden Personal sollten ein Pförtner die Aufsicht über Tor und Brücke, mithin über den gesamten Zugangsbereich, übernehmen und zwei Wächter sich als Nachtwache ablösen. Nicht einmal zwei Jahrzehnte später wurde Burg Linz während des sogenannten Neußer Kriegs 1475 erobert und ausgebrannt, wobei nicht klar ist, wie stark die Schäden tatsächlich waren.

Zu Anfang des 18. Jahrhunderts durchgeführte Baumaßnahmen anlässlich der Verlegung des kölnischen Amtssitzes von Altenwied nach

Ansicht von Westen (links im Bild) – Aquarellierte Federzeichnung von Wenzel Hollar (Ausschnitt), 1636

Linz betrafen insbesondere die Rheinseite, die von nun an ein lang gestreckter Wohnbau einnahm. 1821 ging die Anlage in private Hände, von 1951–1985 in städtisches Eigentum und danach wieder in Privatbesitz über. Heute beherbergt sie in ihren Mauern unter anderem ein Restaurant.

Die Niederungsburg liegt in Nähe des Rheins an der südwestlichen Ecke der Stadtbefestigung. In geringer Entfernung existiert mit dem Rheintor ein typischer Vertreter für einen hoch aufragenden Torturm aus der ersten Hälfte des 14. Jahrhunderts. Ebenfalls nicht unüblich ist dessen Veränderung im Dachbereich, wo um 1500 ein neuer repräsentativer Abschluss mit Ecktourellen über spätgotischen Maßwerkkonsolen hinzukam.

Die Burg besteht aus vier unterschiedlichen Flügeln mit einem Eckturm, die einen etwa trapezförmigen Innenhof umschließen. Angesichts des heutigen, leider arg zergliederten Erscheinungsbildes und mangels Bauforschungen ist unbekannt, wie viel an mittelalterlicher Bausubstanz noch in den Gebäuden enthalten ist. Während West- und Südtrakt im Kern noch spätmittelalterlich sein könnten, hat es den Anschein, dass zumindest der Ostflügel nahezu vollständig dem 18. bzw. 19. Jahrhundert angehört. Auf bedeutende bauliche Veränderun-

Ansicht von Süden – Lithographie von Aimé Henry nach eigener Zeichnung, o. J. [vor 1838]

gen verweisen auch die Balkenankerzahlen „1707" am Westtrakt. Wegen verschiedener Modernisierungen im Laufe der Zeit haben sich keine originalen Fenster mehr an der überwiegend zweigeschossigen Anlage erhalten.

Eindeutig der Erbauungszeit zugerechnet werden darf der fünfgeschossige, von einem Zeltdach abgeschlossene Turm. Über rundem Grundriss sind die beiden obersten Geschosse in ein Achteck überführt, dessen Ecken auf Konsolen auskragen. Die Wehrplattform wird mittels eines Rundbogenfrieses, den man wohl im 19. Jahrhundert als Motiv für die nördlich folgenden Bauteile übernahm, zusätzlich betont. Auch der Haupteingang im Süden zählt zum Ausgangsbestand der Jahre nach 1365. Während das stadtseitige, schwach spitzbogige Portal durch einen Birnstab zwischen Hohlkehlen akzentuiert ist, zeigt das hofseitige Torgewände nur eine schlichte Kehle.

Die Hoffassaden, teilweise in Fachwerkausführung, werden von einfachen Renaissance- und Barockformen bestimmt, welche von Umbauten des 19. Jahrhunderts überlagert sind. Ins Innere des Restaurants im Westflügel gelangt man durch ein rundbogiges profiliertes Renaissanceportal, das derselben Epoche wie der überbaute Kellerabgang angehört.

Luftaufnahme von Südwesten, 2009

Grundriss, vor 1985

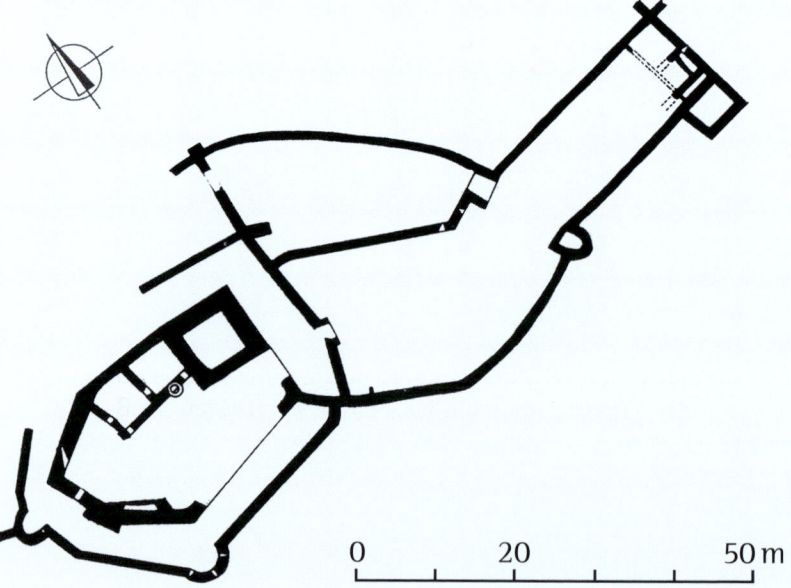

Löwenburg

Für die bisherige Annahme, die Löwenburg sei bereits an der Wende vom 12. zum 13. Jahrhundert errichtet worden, fehlen konkrete schriftliche Beweise. Erwähnt wird die Burg erstmals 1247, als Mechthild (1200/03–1285), die Witwe des 1246 verstorbenen Grafen Heinrichs III. von Sayn, auf fast alle Ansprüche auf das Erbe ihres Gatten verzichtete. Während der Hauptteil damit an die Söhne ihrer Schwägerin, Gräfin Adelheid von Sponheim, ging, behielt sich Mechthild auf Lebenszeit die „Burg Löwenburg" (*castrum Löwinberg*) nebst einigen anderen Privilegien vor. Ungeachtet dieser Regelung zu Gunsten Mechthilds regelten die Haupterben noch zu ihren Lebzeiten untereinander ihre Anteilsansprüche, wobei Heinrich von Sponheim-Heinsberg in der Folgezeit den Großteil der Anteile auf sich vereinigen konnte.

Spätestens seit 1269 nannte sich dessen Sohn Johann nach der Burg und begründete damit die Linie der Herren von Löwenburg, die zum Mittelpunkt der Herrschaft Löwenburg mit dem Hauptort Honnef wurde. Konflikte mit dem Erzbistum Köln eskalierten an der Wende zum 14. Jahrhundert, als Erzbischof Wikbold den Johann von Löwenburg beschuldigte, in der Nähe der Burg drei erzbischöfliche Knechte schwer verwundet und getötet zu haben. Ungeachtet dessen treten Angehörige der Familie von Löwenburg als hochrangige Amtsträger am erzbischöflichen Hof auf. 1389 trug Junggraf Gerhard von Sayn eine Hälfte der Anlage dem Erzbistum Köln zu ewigem Lehen auf, verzichtete aber 1394/96 auf alle Ansprüche zugunsten des Heinsberger Familienzweigs.

1484 durch Kauf an Herzog Wilhelm von Jülich-Berg gekommen, wurden Burg und Herrschaft Bestandteil des Herzogtums Berg mit eigenem Amtmann. Ob die Anlage tatsächlich im Verlauf des Dreißigjährigen Kriegs oder früher zerstört worden ist, bedarf noch der genaueren Untersuchung.

1829 wurde anlässlich von Vermessungsarbeiten unter Einbeziehung des trigonometrischen Punktes, der zunächst wohl auf der Nordwestecke, später dann in der Mitte der quadratischen Bergfriedruine festgesetzt worden war, durch den preußischen Geometer Stoll ein Teil der Nordecke des Turms widerrechtlich abgerissen. Diesen zu Beginn des 19. Jahrhunderts noch in einer Höhe von fast neun Metern erhaltenen Bergfried ließ die Regierung in Köln 1881 aus Sicherheitsgründen nie-

*Urriss der Gemeinde Honnef, Detail: Ansicht der Löwenburg –
Kolorierte Federzeichnung von [ ] Hildebrand, 1826*

derlegen. 1884 dienten seine Trümmer auf Betreiben des Verschönerungsvereins für das Siebengebirge zum Bau eines sechs Meter hohen Pyramidenstumpfs als Aussichtsplattform, die inzwischen glücklicherweise wieder verschwunden ist. Restaurierungs- und Wiederherstellungspläne für die Ruine, die sich schon früh im 19. Jahrhundert nachweisen lassen, scheiterten trotz weitreichender Vorschläge allesamt. Nach letztmaligen erfolglosen Bestrebungen für einen Wiederaufbau im Jahr 1925 wurden im 20. Jahrhundert mehrfach Sicherungsmaßnahmen vorgenommen, die schließlich mit umfangreichen Sanierungs- und Konservierungsarbeiten von 1980–1985 ihren Abschluss fanden.
Malerisch auf einem Bergrücken am Rande des Siebengebirges im Hinterland der bekannteren Burg Drachenfels gelegen, ist die Ruine seit dem 19. Jahrhundert ein beliebter Aussichtspunkt in Richtung Rhein. Die Freilegungen der 1980er Jahre führten zu weiteren Erkenntnissen über Form, Ausdehnung und Gebäude der Anlage, wenngleich eine wissenschaftliche Ausarbeitung der Freilegungen oder gar Aufarbeitung der Funde bislang fehlt. Da die Mauerzüge im Rahmen der Sanierung größtenteils aufgemauert wurden, müssen fundierte Aussagen

Blick von Osten aus der Vorburg mit Zwingerturm (links) und Gebäuderest (rechts) zur Hauptburg mit Bergfriedruine (in Hintergrundmitte), 2010

zur Mauerwerksstruktur weitgehend unterbleiben. Als Baumaterial kam der anstehende Basalt zur Verwendung, der mit abnehmendem Alter der Bauteile zunehmend regelloser versetzt wurde.

Kern der weitläufigen Burgruine ist die auf dem höchsten Punkt gelegene polygonale Hauptburg. Ihr gestreckter Umriss orientiert sich zwar grundsätzlich an der Struktur des Geländes, ist jedoch erkennbar um Regelmäßigkeit bemüht. Derartige Grundrisse sind typisch für Burgen an der Wende vom 12. zum 13. Jahrhundert. In ihrer Nordostecke stand neben dem Eingang der quadratische Bergfried, von dem sich lediglich Reste erhalten haben. Er zeigt auf einer Seite im Inneren Balkenauflager, womit sich zumindest die hölzerne Decke des Sockels gedanklich rekonstruieren lässt. Die restlichen Gebäude der Hauptburg waren entlang der Ringmauer gruppiert, wobei das Hauptgebäude, der sogenannte Palas, wohl auf der Südseite lag. An seinem Keller hat sich ein originales Türgewände erhalten. Westlich des Bergfrieds liegt inmitten eines Mauerzugs ein runder Schacht, der an einen Brunnen erinnert. Tatsächlich ist das Bauwerk jedoch als Entnahmeöffnung einer Zisterne zu deuten, deren deutlich größeres Reservoir verfüllt darunter im Boden ruht.

Aus Trümmern des Bergfrieds 1884 westlich des Turms errichtete (heute wieder entfernte) Aussichtspyramide, o.J. [um 1910]

Östlich der Hauptburg und von dieser ursprünglich wohl durch einen verschwundenen und heute von einer Holztreppe überbrückten Graben getrennt liegt die tiefere und lang gestreckte Vorburg, die möglicherweise in zwei Bauphasen entstand. Ältester Bestandteil könnte die rechteckige östliche Partie sein, welche mit einem halbrunden Flankierungsturm im Süden sowie dem zweiten Tor in Richtung Westen endet und noch ins 13. Jahrhundert zurückgehen dürfte. Ein hier noch aufrecht stehendes Mauerstück mit Konsolen lässt auf ein daran angelehntes Gebäude schließen.

Die Lücke zwischen Haupt- und Vorburg dürfte mit dem Bau mehrerer Zwingeranlagen geschlossen worden sein. Diese Zwinger sind sehr ausgedehnt und vermutlich ebenfalls unterschiedlichen Bauzeiten zuzuordnen. Der die Kernburg einst vollständig umschließende Zwinger mit zwei erhaltenen Schalentürmen datiert ins 15., vielleicht sogar ins 14. Jahrhundert, worauf die – allerdings stark restaurierten und damit nur bedingt aussagefähigen – kurzen Schlitzscharten in den Flankierungstürmen hinzuweisen scheinen. Schließlich sicherte man den als gefährdeter eingestuften Nordhang mit weiteren Mauerzügen, die als Torzwinger ausgeführt wurden. Hier befindet sich im Nordwesten das erste Tor, dem in Richtung Vorburg ein zweites folgte.

Blick von Südwesten aus dem Palas mit originalem Türgewände zur Ruine des Bergfrieds, 2010

Luftaufnahme von Südwesten, 2009

Grundriss, vor 1941

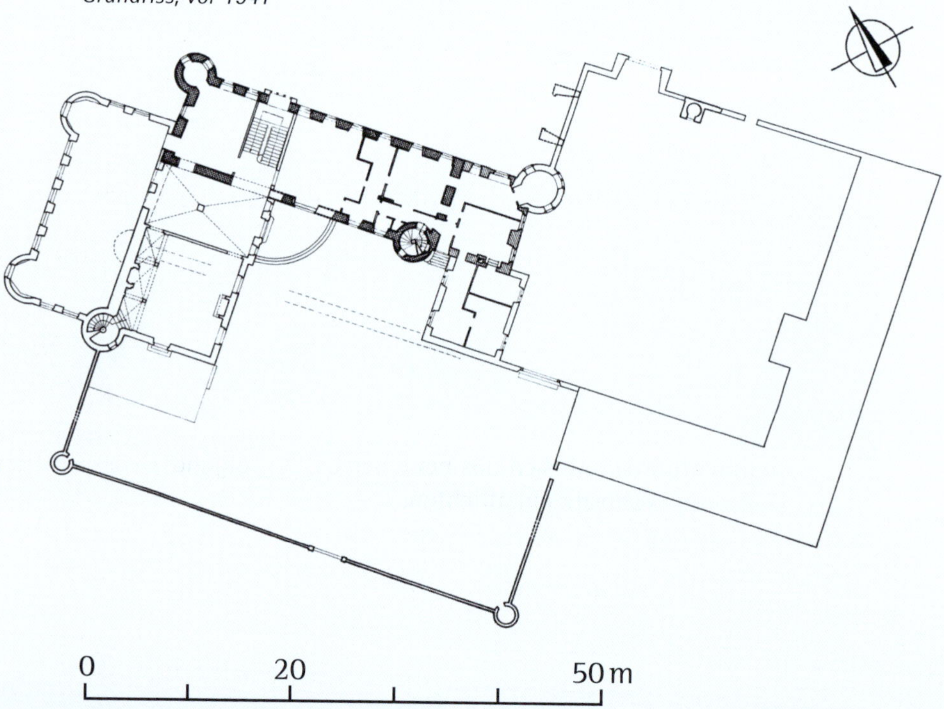

0   20   50 m

Burg und Schloss Namedy

Die Anfänge einer Burg in Andernach-Namedy sind vollständig ungeklärt. Angenommen wird eine Gründung in der Mitte des 14. Jahrhunderts durch das eindeutig erstmals 1275 nachgewiesene Geschlecht Hausmann (von Namedy), was sich allerdings zweifelsfrei nicht vertreten lässt.

Fest steht nach Ausweis von Wappensteinen, dass die Anlage in der Mitte des 16. Jahrhunderts um- oder ausgebaut wurde. Im Verlauf des Dreißigjährigen Kriegs hatten schwedische Truppen die Anlage zu unbekannter Zeit „in Asche gelegt", wie Johann Philipp Hausmann von Andernach und Namedy, kaiserlicher Kämmerer und Obrist, gegenüber Kaiser Ferdinand II. bekundete. Obwohl er Namedy dabei als sein „Stammhaus" bezeichnete, wird wenige Jahre später deutlich, dass die Burg Eigentum des Frauenstifts Essen war und lediglich als Mannlehen an die Familie Johann Philipps ausgegeben wurde. Inwieweit dieses Lehnsverhältnis in frühere Zeiten zurückreicht, bleibt freilich ungeklärt.

Jedenfalls kam Namedy mit Zubehörden nach dem Tod Friedrich Ruprecht Hausmanns von Namedy im Jahre 1666 (nicht 1676!) an Franz Wilhelm von Klepping gen. Hausmann von Andernach und Namedy. 1702 beurkundete Äbtissin Bernardina Sophia von Essen die Übertragung des Lehens von Johann Melchior Maximilian von Klepping gen. Hausmann auf den kurkölnischen Geheim- und Hofrat Johann Arnold Solemacher (1657–1734). Eine weitere Bestätigung durch Äbtissin Franziska Christina für den inzwischen geadelten Johann Arnold erfolgte 1728. Nach dem Tod des kurtrierischen Hofrats Johann Hugo von Solemacher, Sohn Johann Arnolds, gelangte Namedy 1763 an den kurkölnischen Geheimrat Johann Melchior Xaver Nepomuk von Solemacher (1734–1820).

Im späten 18. und 19. Jahrhundert wechselte die Anlage häufig den Eigentümer und erfuhr unterschiedliche Nutzungen als Lazarett und Pulvermagazin, wurde aber zeitweise auch überhaupt nicht bewohnt. Nach ersten Wiederherstellungsarbeiten 1856 ließ Arnold von Solemacher-Antweiler nach 1896 einen durchgreifenden Umbau in historischem Stil durchführen, um sich das neue Schloss im folgenden Jahrzehnt als privaten Wohnsitz einzurichten.

1907 wurde die Anlage an einen Hotelkonzern verkauft, der für einen geplanten Kurbetrieb und die wirtschaftliche Ausbeutung der Mineral-

Ansicht von Nordosten – Kolorierte Zeichnung von N.N., 1832

quelle des nahegelegenen Geysirs einen völlig neuen Gebäudeteil anfügte. Ein Jahr später ging Namedy jedoch an die Fürsten Henckel von Donnersmarck und Hohenlohe über, die Planungen für eine komplette Villensiedlung nebst einem Kurhaus erstellen ließen, aus Geldmangel aber nicht verwirklichen konnten.

1909 kaufte Prinz Carl Anton von Hohenzollern das Schloss und ließ bis 1911 erneut umfangreiche Baumaßnahmen, darunter auch den Abriss des überdimensionierten Hotelneubaus, durchführen, denen sich nach 1933 weitere Arbeiten anschlossen. Seit 1988 wird die noch immer im Besitz des Hauses Hohenzollern befindliche Anlage nach umfangreichen Reparaturen und Sanierungen für kulturelle Zwecke genutzt und damit zumindest zeitweise der Öffentlichkeit zugänglich gemacht.

Namedy besteht aus einer Dreiflügelanlage mit anschließendem L-förmigem Wirtschaftshof. Der das Erscheinungsbild prägende ungleichmäßige dreiflüglige Bau resultiert jedoch erst aus jüngeren Zeiten, als an das langgestreckte, von Nordwest nach Südost gerichtete Gebäude zwei unterschiedliche Flügel angefügt wurden.

Der parallel zum Rhein platzierte Hauptbau mit zwei runden Ecktürmen gliedert sich in mindestens zwei unterschiedliche Bauphasen, jedoch bleibt ungewiss, ob der neunachsige nordwestliche oder der zweiachsige südöstliche Teil der ältere ist. Entgegen der jüngeren Literatur

Ansicht von Westen – Zeichnung von Leopold Eltester, 1855

spricht manches dafür, den längeren Trakt als den älteren anzusprechen – wobei keineswegs feststeht, dass es sich dabei um die ursprüngliche Burg handelt. Das wird vor allem am hofseitig eingestellten Treppenturm mit seinem über Maßwerkfries auskragenden achtseitigen Aufbau deutlich. Zwar ist die eiserne Jahreszahl „1355" eine freie Zutat des 19. Jahrhunderts, doch gibt die Lage der teilweise überbauten Fenstergewände an, dass die anstoßenden Bauten nicht nur niedriger waren, sondern der Turm auch einst Richtung Osten frei stand.

Das dreigeschossige Gebäude liegt hinter einem teilweise erhaltenen Wassergraben und ist nach außen durch eine Vorlage und Erker akzentuiert. Im Rahmen von Anfang des 18. Jahrhunderts vorgenommenen barocken Umbauten wurden unter anderem sämtliche Fenster modernisiert. Das dritte Geschoss, der Erker und die Vorlage, hinter der sich das Treppenhaus verbirgt, entstammen allerdings erst den großen Umbaumaßnahmen von der Wende zum 20. Jahrhundert. Während der nordwestliche Eckturm größtenteils noch bauzeitlich sein dürfte, ist der südöstliche wegen Baumängeln kurz nach 1900 niedergelegt und wesentlich erhöht wieder aufgeführt worden. Ein hoher achtseitiger Aufbau, der den Turm einem spätgotischen Bergfried angleichen sollte, wurde nach 1933 wieder entfernt und durch eine welsche Haube ersetzt.

Wappenstein über dem Portal zum südöstlichen Erweiterungsbau mit den Wappen des Bauherrn Antonius Hausmann und seiner Ehefrau Margaretha von Eltz (154?), 2009

Der schmale südöstliche Erweiterungsbau zeigt auf der Ostseite vereinzelt noch originale Stockfenster mit Blendmaßwerk. Fenster dieser Art finden sich, modern angepasst, sowohl an der vortretenden zweiachsigen Fortsetzung dieses Anbaus nach Südwesten als auch am hohen Eckturm wieder. Auf der Hofseite verdient ein unmittelbar neben dem Treppenturm des Hauptbaus angesetzter Renaissanceerker aus Tuffstein Beachtung, der ein rundbogiges Basaltportal beschirmt. Er wird durch einen Sinnspruch sowie die Wappen des Bauherrn Antonius Hausmann und seiner Ehefrau Margaretha von Eltz sowie die Jahreszahl 154? (letzte Zahl unleserlich) geschmückt.

Ebenfalls kurz nach 1900 entstand der größere Anbau auf der anderen Hofseite. Den Eintritt gewährt ein aufwändiges Barockportal, welches von unbekanntem Ort an diese Stelle versetzt wurde. Der darüber platzierte Wappenstein von 1682 zeigt die Wappenschilde Johann Arnolds von Solemacher (1657–1734) und seiner Ehefrau Maria Elisabeth von Steinhausen. Ein nach 1909 in nordwestlicher Richtung vorgelegter

Südöstlicher Erweiterungsbau mit südöstlichem Eckturm von Osten, 2010

rechteckiger Anbau mit einem beeindruckenden Spiegelsaal im Erdgeschoss wird von einer begehbaren Terrasse mit Pergola überwölbt und von zwei Ecktürmen eingefasst.

Die heutige südliche Hofmauer mit den beiden Ecktürmchen stellt wiederum einen Neubau der Jahre um 1900 dar, durch den der ursprünglich engere Hof vergrößert wurde. Der im Osten ansetzende Wirtschaftshof datiert ins mittlere 16. Jahrhundert, erfuhr jedoch im 18. Jahrhundert merkliche Umbauten, die das Bild bis heute prägen.

Luftaufnahme von Südwesten, 2009

Grundriss, 1927

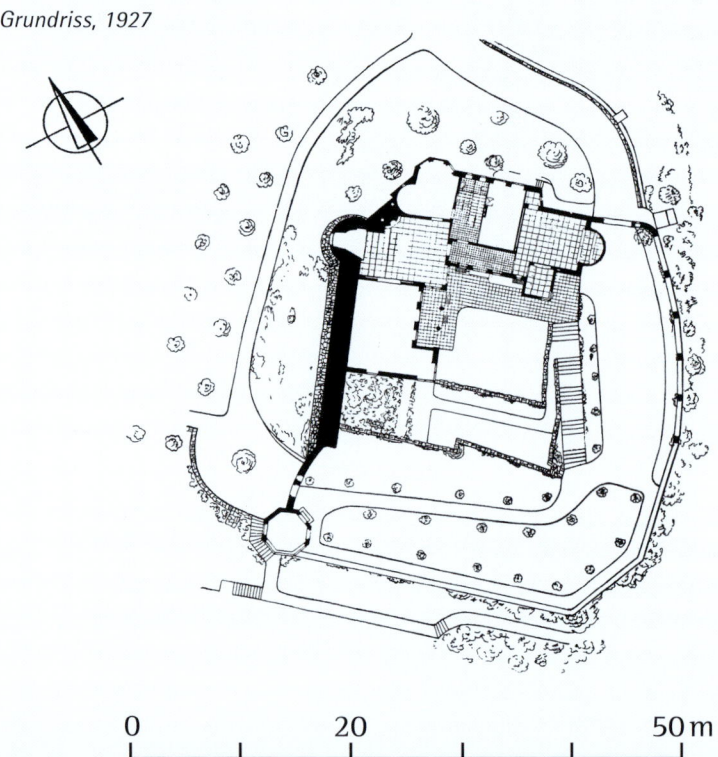

0   20   50 m

Burg Ockenfels (zur Leyen)

Burg Ockenfels hieß ursprünglich „Burg zur Leyen" und war Stammsitz einer gleichnamigen, nur von 1315–1425 belegten Familie von der oder zur Leyen. Hinweise für eine Erbauung vor dieser Zeit oder gar schon im Hochmittelalter sind trotz gegenteiliger Annahmen nicht vorhanden. Eine noch in jüngster Zeit herangezogene Urkunde des Jahres 1239, in der Kuno, Hermann, Heinrich und Arnold von Leyen ihre „Burg in Leye" dem Kölner Erzbischof Konrad zu Lehen auftragen, bezieht sich, wie seit mehr als einem Jahrhundert nachgewiesen, auf eine gleichnamige Burg bei Ürzig an der Mosel. Ähnlich verhält es sich mit einem Schriftstück Gerhards von Rennenberg und seiner Ehefrau Benedikta von 1257, das nur „Weinberge in Ockenfels" (... *vineas in ... Ockenfeltz* ...) und anderswo nennt, jedoch keine Burg. Als Erstbeleg hat somit ein Schriftstück zu gelten, in dem Ritter Johann (II.) von der Leyen seine ursprünglich allodiale „Burg zu der Leyen" am 5. Juni 1341 dem Kölner Erzbischof Walram zu Lehen auftrug (... *castrum meum dictum zu der Leye quod est meum purum allodium* ...). Erneute Belehnungsakte sind für den gleichnamigen Sohn Johanns II. für die Jahre 1364 durch Erzbischof Engelbert III. und 1376 durch Erzbischof Friedrich III. von Köln bekannt.

Nach dem Aussterben der Familie zur Leyen mutmaßlich im ersten Viertel des 15. Jahrhunderts ging die Burg als kölnisches Lehen an Rollmann von Dattenberg und über seine Tochter Anna an deren Ehemann Dietrich von Monreal, der 1439 einen Lehnsrevers über das „Haus und Gut zu Leyen bei Linz gelegen" (... *Huse ind Gude zeer Leyen by Lyns gelegen*) für Erzbischof Dietrich II. von Köln ausstellte. In der Familie von Monreal verblieb das wohl während des sogenannten Neußer Krieges 1475 zerstörte Ockenfels/zur Leyen bis zum Ende des 16. Jahrhunderts (1482 Lehnsbestätigung für Karl von Monreal durch Erzbischof Hermann V. von Köln).

1623 wurde das Lehen für 7.000 kölnische Taler von Georg Gerolt erworben, dessen Erben die Ruine auch über das Ende des Alten Reiches hinweg bis 1887 in ihrem Besitz halten konnten. 1920 wiederum durch Kauf an die Siedlungsgemeinschaft „Rheinisches Heim" gekommen, ließ Franz Velden als neuer Eigentümer von 1924–1927 die eher unscheinbaren Burgreste nach Plänen des Kölner Architekten Heinrich Reinhardt mit einem neuen, burghausähnlichen Gebäude unter Einbeziehung des

Ansicht von Norden – Stahlstich von G[ ] Rudolf nach Zeichnung von [Adolph] Wegelin, vor 1847

Ruinenbestandes überbauen. 1936 richteten die „Cellitinnen zur Hl. Maria in der Kupfergasse" aus Köln im Burggelände ein Erholungs- und Altenheim für ihre Schwestern ein. Nach einer kurzzeitigen Verwendung als Burghotel (1960–1974) wechselte die Anlage mehrfach den Besitzer und verfiel zusehends. Seit 1998 wird die inzwischen sanierte Burg als Präsentations- und Verwaltungssitz der Schuhmarke Betula genutzt und ist der Öffentlichkeit nicht zugänglich. Durch einen Brand im Jahr 2003 entstandene Schäden im Dachgeschoss und im oberen Bereich des Eckturms konnten innerhalb weniger Monate behoben werden.
Die frühere Burg liegt auf einer sanften Anhöhe über dem Rheintal. Ihr historisches Aussehen ist fast gänzlich unbekannt. Abbildungen des 19. Jahrhunderts geben lediglich nicht näher greifbare Mauerreste wieder. Nach den Umbauten der letzten Jahrzehnte präsentiert sich das Anwesen im Grundriss als annähernd symmetrische Dreiflügelanlage mit einem zum Rheintal hin geöffneten Hof. Davon abweichend existieren zwei halbrunde Türme, die an der Nordostecke und im Verlauf der Ostseite vortreten. Der Baukörper ist überwiegend dreigeschossig und zeigt

Ansicht von Norden, 2010

eine bewegte Dachlandschaft, über welche die Turmdächer hinausragen. Bei genauer Betrachtung können die einzelnen Trakte allerdings ihre unterschiedlichen Bauzeiten nicht verbergen. Die Gebäude bestehen aus unverputztem Bruchsteinmauerwerk, womit der Architekt nicht nur an das Bild einer romantischen Burg erinnern, sondern sich dem überkommenen Bestand anpassen wollte, dessen originaler Mauerverband heute nur noch im Norden und zu geringen Teilen im Osten vorzufinden ist. Am markantesten präsentiert sich hierbei der schmale Turm, dessen Hülle beim Bau einbezogen wurde. Dabei musste dieser dossierte, also mit einer Sockelschräge versehene frühere Eckturm nur geringfügig erhöht werden, wobei jedoch sämtliche Fensteröffnungen neu eingebrochen oder verändert wurden. Das gilt ebenso für die anstoßende nördliche Mauerpartie, wo im Originalbestand Fenster eingebaut wurden. Eine vertikal verlaufende Baufuge scheidet diesen Teil von einem Verband aus kleinformatigem Steinmaterial, der bis zur Nordwestecke verläuft. Hierbei handelt es sich jedoch nicht um mittelalterliches Mauerwerk, sondern um eine Erweiterung des 20. Jahrhunderts.

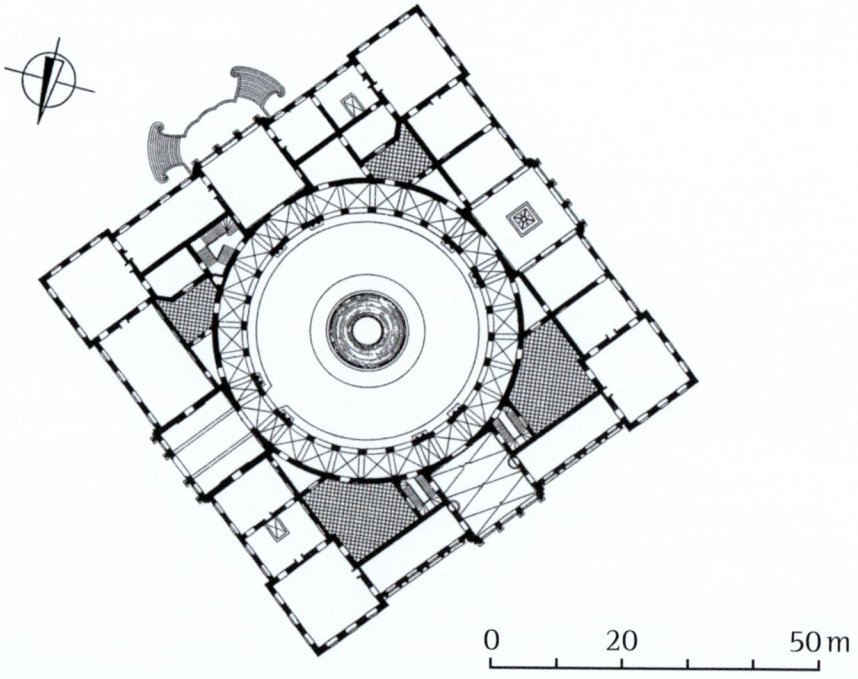

Luftaufnahme von Norden, 2009

Grundriss, vor 1905

0   20   50 m

Burg und Schloss Poppelsdorf (Schloss Clemensruhe)

Im heutigen Bonner Stadtteil Poppelsdorf existierte spätestens in der ersten Hälfte des 14. Jahrhunderts eine Burg, die nach Ausweis der 1370 verfassten Kölner Bischofschronik zur Zeit des Episkopats Erzbischof Walrams von Köln (1332–1349) durch diesen an das Erzbistum Köln kam (*Castrum in popelsdorp*). Diese Niederungsburg wurde im weiteren Verlauf des 14. Jahrhunderts von den kölnischen Erzbischöfen mehrfach als Aufenthaltsort genutzt, wobei unklar bleibt, ob schon zwei 1337 von Walram zu *Puppilztorp* ausgestellte Urkunden auf eine Wehranlage oder den Ort Poppelsdorf schließen lassen. Insbesondere Erzbischof Friedrich III. (1370–1414) besuchte die Burg mehrfach und ließ sie aufwändig ausbauen und verschönern (... *castrum Popelstorp pulcre ornavit*).

Unter Erzbischof Salentin (1567–1577) wurde Poppelsdorf ebenso wie Brühl und Bonn erweitert und zu einer rundum von Wassergräben umgebenen Niederungsanlage mit Vor- und Hauptburg ausgebaut. Im Truchsessischen Krieg gelang es Herzog Ferdinand von Bayern, dieses Vorwerk in Brand zu setzen und schließlich am 14. November 1583 die komplette Anlage zu erobern. Nach diesen Ereignissen wurde Poppelsdorf mutmaßlich als Ruine offen gelassen.

1715 ließ der Kölner Kurfürst Joseph Clemens (1688–1723) nach Plänen des Architekten Robert de Cotte durch den örtlichen Baumeister Wilhelm Hauberat einen vollständigen Neubau ausführen, der aber erst unter seinem Nachfolger Clemens August (1723–1761) zu Ende geführt wurde. Getreu seinem letzten Bauherrn erhielt das neue Schloss den Namen „Clemensruhe". Während der französischen Besetzung des Rheinlands diente das Gebäude für mehrere Jahre als Militärhospital, bevor nach 1815 das Anwesen vom preußischen Staat übernommen und schließlich 1818 der neu gegründeten Universität als Lehr- und Sammlungsgebäude zugewiesen wurde. Der barocke Schlosspark wurde in diesem Zusammenhang zum Botanischen Garten umgestaltet.

1945 durch eine Luftmine zum überwiegenden Teil zerstört, erfolgte in den Jahren von 1950–1956 ein Wiederaufbau in vereinfachter und teilweise auch stark veränderter Formgebung. Noch heute gehören die Gebäude des gegenwärtig gemeinhin als „Schloss Poppelsdorf" be-

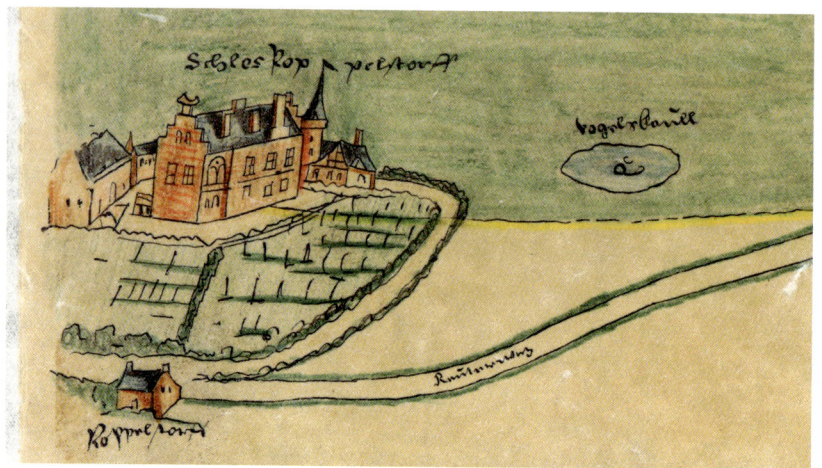

Karte der Gegend zwischen Bonn und Kessenich, Detail: Abbildung von Schlos Poppelstorff – *Kolorierte Federzeichnung von N.N., o.J. [1579/80]*

zeichneten Komplexes samt dem bekannten Botanischen Garten zur Rheinischen Friedrich-Wilhelms-Universität zu Bonn.

Von der früheren Burg hat sich oberirdisch keinerlei Spur erhalten, so dass selbst der exakte Standort unklar bleibt. Gemäß einer vereinfachten, aber gleichwohl realistischen Darstellung, die anlässlich eines Gerichtsprozesses 1579 angefertigt worden ist, aber einen früheren Bauzustand zeigt, scheint die Burg um die Mitte des 16. Jahrhunderts vor allem aus einem rechteckigen, mit Treppengiebeln verzierten Wohnbau mit zwei Geschossen bestanden zu haben. Ein Turm sowie mehrere Wirtschaftsbauten umgaben das Haus, das anscheinend nur noch partiell von einer Ringmauer eingefasst wurde.

Die von Erzbischof Salentin wenig später veranlassten Umbaumaßnahmen sind auf mehreren historischen Abbildungen zu erkennen: Innerhalb eines von einem Wassergraben umgebenen, etwa quadratischen Geländes lagen inmitten von Gärten die rechteckige, mit eigener Ringmauer befestigte Vorburg und das dahinter gelegene und über eine Brücke erreichbare Schloss. Übereinstimmend lässt sich aus den verschiedenen Darstellungen ein etwa quadratischer Komplex ableiten, der einen Turm über oder neben dem Tor besaß, ein weiterer könnte in einer Ecke gestanden haben. Ansonsten war die ehemalige mittelalterliche Burg dem zeitweiligen Aufenthalt eines Erzbischofs angemessen wohnlich umgestaltet worden, bevor sie nach nur wenigen Jahren 1583 zerstört wurde. Das barocke Schloss des 18. Jahrhunderts ist wiederum über einem Quadrat errichtet worden, das einen zentralen runden Innenhof barg. Dabei sind die Ecken sowie die Hauptachsen des Vierecks durch ein leichtes Vortreten der Bauglieder betont, womit der Architekt die Idee italienischer Villen aufnahm, die freilich erst über den Umweg der französischen Pavillonarchitektur hier Einzug gehalten hatte. Auch die äußere Erscheinung strahlt diese Leichtigkeit trotz späterer Planänderungen noch aus. Über einem hohen, durch viele Rundbogenfenster lichtdurchfluteten Erdgeschoss mit kräftigem Gesims folgt das niedrigere Obergeschoss mit Rechteckfenstern. Eck- und Mittelpavillons wirken nicht nur wegen der Eckquaderung, sondern vor allem wegen ihrer Mansarddächer bzw. geschweiften Hauben als eigenständige Bauelemente. Die Mittelbauten sind durch Säulen und Ochsenaugenfenster über den Fenstern des Obergeschosses zusätzlich betont. Etwas abweichend wurden die stadtseitige Nordfassade sowie die Ostseite mit der Durchfahrt in den Hof behandelt. Letzterer ist auch heute noch eines Abstechers würdig, gewährt doch der arkadengesäumte Innenhof in Grund- und Aufriss einen gelungenen Eindruck ehemaliger fürstlicher Pracht. Nach der beinahe totalen Umgestaltung des Inneren wurde allein der nordwestliche Saal wieder in überkommener Weise rekonstruiert.

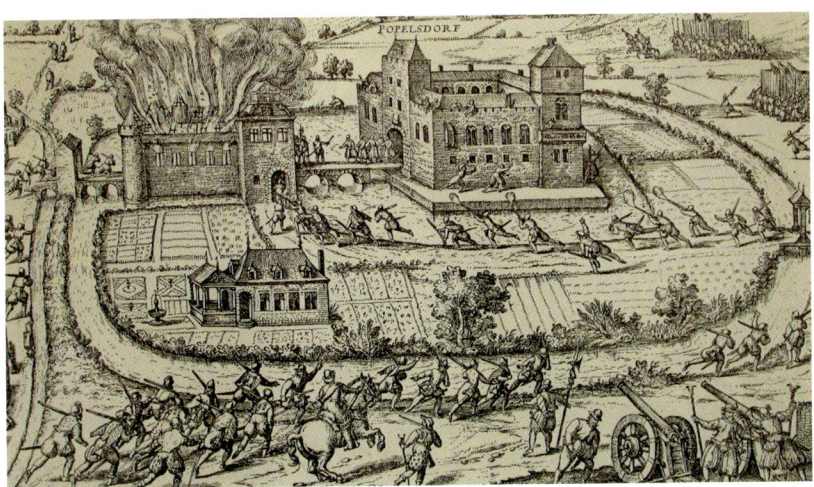

Eroberung und Niederbrennung der Burg Poppelsdorf am 14. November 1583 – Kupferstich von Franz Hogenberg nach eigener Zeichnung, vor 1591

Luftaufnahme von Süden, 2009

Grundrissskizze, 2010

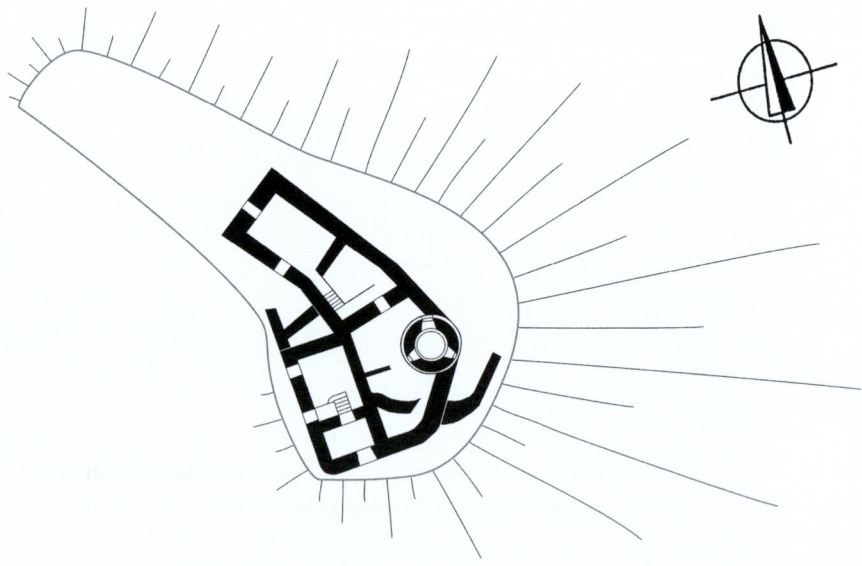

Burg Rennenberg

Indirekt erwähnt wird Rennenberg bereits mit einem Konrad von Rennenberg (*Conradus de Rennenberg*), der um 1217 einen von den Grafen von Nassau zu Lehen gehenden Zehnthof in Linz dem Kanonissenstift Gerresheim überschrieb. 1249 bekannten zwei Söhne Konrads, Gerhard und Hermann, das *castrum de Rennenberg* wie schon ihre Vorgänger von der ehemaligen Gräfin Mechthild von Sayn zu Lehen zu halten. Mechthild wiederum trat 1250 die Anlage zusammen mit anderen Burgen und Ortschaften dem Kölner Erzbistum gegen Zahlung von 600 Mark und einer jährlichen Rente von 170 Mark ab. Seitdem besaßen die edelfreien Herren von Rennenberg ihre Stammburg als kölnisches Lehen. 1270 einigten sich Hermann und Konrad in einer Art Hausvertrag unter anderem darauf, ihre *burg Renninberg* einander nicht zu entfremden und zu veräußern. Die in der Urkunde verwendeten Begriffe wie etwa „Hausfrieden" machen deutlich, dass die Anlage von mehreren Familienmitgliedern bewohnt und besessen wurde. An der Eigentümerschaft des Erzbistums Köln bestand aber kein Zweifel, wie regelmäßige Belehnungsvorgänge im 14./15. Jahrhundert verdeutlichen. Die engen Bindungen zwischen Edelfreien und Erzbistum offenbaren sich auch in der geradezu dominierenden Rolle, die männlichen Familienangehörigen im Kölner Domkapitel des 14. Jahrhunderts zukam. Ein besonders eindrucksvolles Beispiel dafür bietet die noch heute erhaltene prachtvolle Handschrift des „Rennenberg-Codex", den der Kölner Domdekan Konrad von Rennenberg vor seinem Ableben 1357 als Memorienstiftung in Auftrag gab.
1585 erbte Georg von Lalaing, Graf von Hoogstraten und Neffe des verstorbenen letzten Rennenbergers Hermann, die damals schon als *alt verfalln scloss* bezeichnete Burg. Über den Ehemann von Marie Gabrielle de Lalaing (1657–1709), Wild- und Rheingraf Karl Florentin, Fürst zu Salm († 1676), kam Rennenberg an beider Sohn Heinrich Gabriel Joseph (1674–1716), dessen wild- und rheingräfliche Seitenlinie Salm-Kyrburg 1742 in den Fürstenstand erhoben wurde. Anlässlich des Baus des nahe gelegenen Schlosses (Neu-)Rennenberg durch Fürst Friedrich IV. (1789–1859) im Jahr 1846 wurde das Untergeschoss des Turms um ein Geschoss mit geringer Mauerstärke erhöht und dieser als Aussichtspunkt in einen geplanten Landschaftspark integriert. 1979 an einen örtlichen Burgverein verpachtet, der sich für

Turm von Südwesten, 2010

gut 25 Jahre um die Sanierung der Anlage bemühte, gelangte die Ruine 2007 in private Hände.

Die geringen Reste der kleinen Burganlage sind auf einem Bergkegel oberhalb des Altenbachtals zu finden. Der Grundriss der Kernburg besteht aus einem schmalen, von Nordwest nach Südost gerichteten, leicht verzogenen und auf einer Seite abgerundeten Rechteck. Daran ist im Südwesten und aus der Hauptachse abweichend ein kleineres Rechteck angefügt, dass sich unschwer als einzelnes Gebäude identifizieren lässt. An der östlichsten Stelle auf der Ringmauer aufsitzend und gleichzeitig am höchsten Geländepunkt liegt der runde Bergfried von gerade einmal sechs Metern Durchmesser. Von dem wenigstens auf der Ostseite vorhandenen Zwinger ist nur ein abgerundeter Mauerzug erhalten, der im Südwesten an die Kernburg ansetzt. Weitere, noch vor wenigen Jahrzehnten erhaltene Mauerfragmente von Vorburgmauern oder gar Gebäuden sind mittlerweile verschwunden. Ein Graben ist im Norden vor der Burg nachweisbar.

Während die erst in den letzten Jahren freigelegten und gesicherten Mauern der Hauptburg nach der Sanierung keine Ansprache von Zugehörigkeiten oder Bauphasen mehr erlauben, darf das Gebäude in der Südwestecke einer eigenständigen älteren Bauzeit zugeschrieben werden. Noch teilweise vorhanden ist der in den Fels eingetiefte Keller, der durch eine Zwischenwand in zwei unterschiedlich große und ungleich tiefe Räume getrennt wird. Auf der Gebäudesüdseite liegt ein historischer Eingang, dessen einstige Sicherung durch zwei Balken sich anhand der Balkenkanäle in der Laibung noch nachvollziehen lässt. Der Keller war durch eine hölzerne Decke von dem vom Hof aus zugänglichen Erdgeschoss geschieden, wie die Balkenauflager bezeugen. Über die Belichtungssituation im Haus liegen keine Erkenntnisse vor; die heutigen Fensteröffnungen scheinen freie Ergänzungen zu sein.

Der bergfriedartige Turm ist nach seiner Aufhöhung im 19. Jahrhundert Haupterkennungsmerkmal der Burg. Seine geringe Dimensionierung gibt zu erkennen, dass es sich kaum um einen klassischen Bergfried, sondern eher um einen zu Repräsentationszwecken errichteten Turm handelt.

Blick von Norden auf Eingangsgebäude und Kellerzugang, 2010

Luftaufnahme von Nordwesten, 2009

Grundriss, 2009

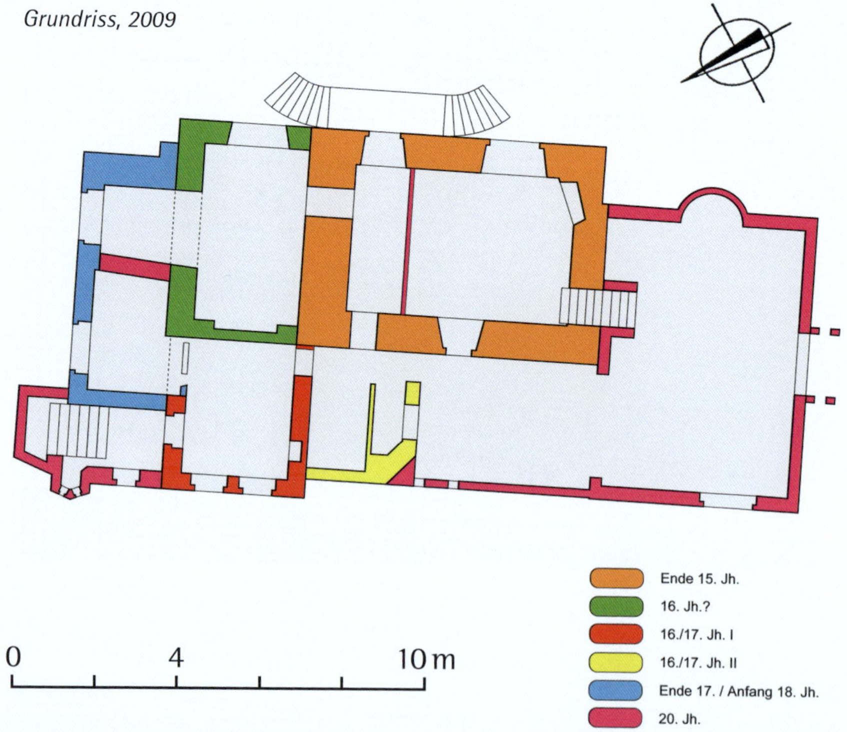

🟧	Ende 15. Jh.
🟩	16. Jh.?
🟥	16./17. Jh. I
🟨	16./17. Jh. II
🟦	Ende 17. / Anfang 18. Jh.
🟪	20. Jh.

0   4   10 m

Obere Burg Rheinbreitbach

Rheinbreitbach besaß im Spätmittelalter mit der Oberen und der Unteren Burg zwei Befestigungsanlagen. Die nach bisherigem Forschungsstand ältere Untere Burg gehörte den Herren von Breitbach, die sich seit 1245 nachweisen lassen und zunächst zu den Grafen von Sayn, nach 1264/65 dann zu den Erzbischöfen von Köln in einem direkten Lehns- bzw. Vasallitätsverhältnis standen. Das 1376 zusammen mit einem Hof und einer Mühle von Erzbischof Friedrich III. von Köln an Johann Laner von Breitbach als Lehen ausgegebene „Haus" (*domus*) Breitbach dürfte identisch mit der Unteren Burg sein, die trotz der Verlagerung des Hauptwohnsitzes der Familie nach Schloss Bürresheim in der Eifel nach 1473 in ihrem ungestörten Besitz verblieb. Im 20. Jahrhundert stark verfallen und zu großen Teilen eingestürzt, wurde die Wasserburg in den 1960er Jahren abgebrochen und eingeebnet. 2006-2009 konnten die Grundmauern jedoch wieder freigelegt werden.

Die Obere Burg ist dagegen sowohl von Seiten der Historiker als auch der Bauforscher bisher kaum erforscht worden. Eine bisher stets vermutete Eigentümerschaft des Kölner Stifts St. Maria ad Gradus, von denen die Anlage als Lehen vergeben worden sein soll, bedürfte einer konkreten Untersuchung, die aber, da der vordringlich einzusehende Archivalienbestand im 2009 eingestürzten Historischen Archiv der Stadt Köln lag, eventuell nicht mehr möglich sein wird.

Die somit allein nach den Erkenntnissen der Bauforschung spätestens vom Ende des 15. Jahrhunderts stammenden, kontinuierlich um- und ausgebauten Gebäude befanden sich seit dem 17. Jahrhundert in privaten Händen und wurden noch nach Übergang an den Schriftsteller Rudolf Herzog 1907 deutlich erweitert. Nach umfangreicher Sanierung seit 1990 und der Gründung eines engagierten Förderkreises 1992 beherbergt die Obere Burg Rheinbreitbach heute Einrichtungen der Ortsgemeindeverwaltung, Veranstaltungsräume und eine Wohnung.

Südlich des alten Ortskerns am Rand eines Parks gelegen, präsentiert sich die Obere Burg als verschachteltes Baugefüge, das auf Anhieb nur wenig von einer Burg zu erkennen gibt. Nach der letzten Sanierung sind auch im Inneren fast keine Anzeichen der mittelalterlichen und neuzeitlichen Baugeschichte mehr sichtbar, so dass eine fundierte Untersuchung aktuell nicht möglich ist.

Ansicht von Südosten (?) – Tuschezeichnung von Renier Roidkin, vor 1741

Kern und Burg im eigentlichen Sinn ist ein rechteckiger Wohnturm mit drei Geschossen, dessen Mauerwerk größtenteils noch besteht. Der Bau besitzt neben einzelnen nachgearbeiteten originalen Fenstern noch einen Maßwerkerker im zweiten Obergeschoss. Anhand dieser Schmuckformen darf der Kernbau in das ausgehende 15. Jahrhundert datiert werden. Sein historisches Erscheinungsbild ist durch die älteste Darstellung von Roidkin von vor 1741 nachvollziehbar und zeigte über dem steinernen Sockel einen hölzernen Obergaden. Tatsächlich waren die Mauerwerksöffnungen der auskragenden Balken dieses Obergeschosses Anfang der 1950er Jahre noch auszumachen.

Möglicherweise als erster Anbau im 16. Jahrhundert wurde der Wohnturm nach Nordosten erweitert, wie sich aus Gestalt und Ansatz des Kellers folgern lässt. Dieser einstöckige Anbau verfügte über ein Fachwerkobergeschoss zuzüglich eines Erkers. In der relativen Bauabfolge scheint dann der nordwestliche schmale Trakt hinzugefügt worden zu sein, dem ein Treppenturm zur verbesserten Erschließung des nun deutlich vergrößerten Komplexes im 16. oder 17. Jahrhundert gefolgt sein dürfte. Bauzeitliche Elemente sind nach den vielfachen Renovierungen nicht mehr vorhanden. Während der Treppenturm seine oberste

Ansicht von Südosten, 2010

Etage erst im 20. Jahrhundert erhielt, wurden die beiden älteren Erweiterungen bereits im 19. Jahrhundert mittels zweier Treppengiebel optisch zusammengefasst. Letztere sind heute wiederum durch schlichte Dreiecksgiebel ersetzt. Aus der historischen Darstellung lässt sich schließen, dass die nochmalige Erweiterung Richtung Nordosten erst nach 1741 erfolgte. Der schmale Anbau erhielt einen korbbogigen Kellereingang, durch den auch heute die Kellerräume betreten werden. In der Folgezeit trug man die Fachwerkobergeschosse ab und ersetzte sie in Stein. Gleichzeitig fand nach Südwesten hin eine großzügige Erweiterung statt, die als Kelter diente.

Umfangreiche Bauarbeiten wurden dann durch den neuen Eigentümer Rudolf Herzog ab 1914 vorgenommen. Während er im Außenbereich Einfassungsmauern und Tore mit Zinnen versah und westlich ein großes Nebengebäude aufführen ließ, wurde die frühere Burg im romantischen Stil umgestaltet. Neben Fachwerkgauben und Erkern zeugen vor allem noch die Tonnengewölbe in den nordöstlichen Anbauten davon, die Herzog zur „Kapelle" umgestalten ließ. Die Kelter wurde aufgestockt und ebenfalls mit Zinnen und Ecktürmchen geschmückt. Die heutige Dachlandschaft hat dagegen nur noch vage Ähnlichkeit mit der Schöpfung Herzogs.

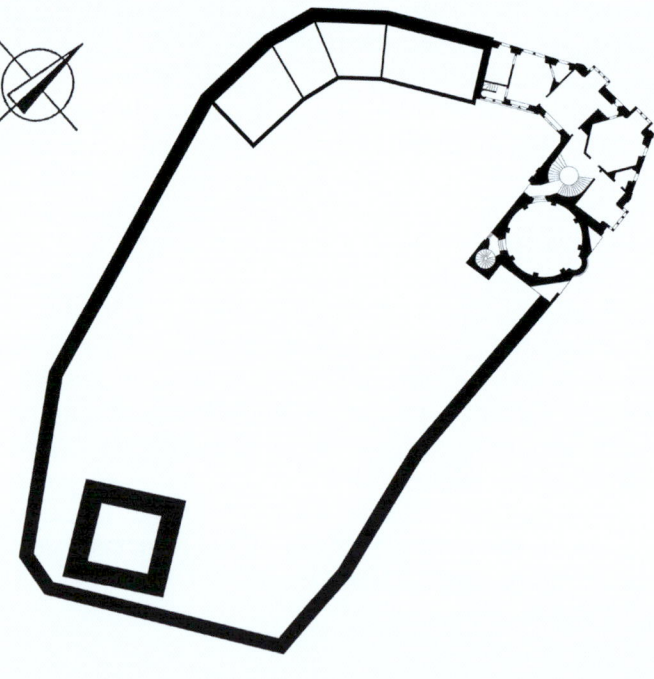

Luftaufnahme von Südosten, 2009

Grundrissskizze, 2010

0 20 50 m

Burg Rheineck

Nach einer ersten, zu unbekannter Zeit errichteten Burg Rheineck benannte sich Graf Otto I. von Salm (* um 1080, † 1150), der um 1115 Gertrud, die Witwe des lothringischen Pfalzgrafen Siegfried (von Ballenstedt, Pfalzgraf 1099–1113), geehelicht hatte. Seine erstmals 1126 (nicht 1129!) nachgewiesene Betitelung als „Graf von Rheineck" (... *Otthone comite de Rinegchvn*) stammt jedoch nicht von einer Grafschaft Rheineck, die es nie gegeben hat. Zugrunde liegt einerseits der von Salm herrührende Grafentitel und andererseits entweder die eingeforderte Nachfolge im Pfalzgrafenamt oder Eigentumsrechte auf und an Burg Rheineck.

Diese erst mit dem Tod Ottos (1150) erledigten Ansprüche auf das Pfalzgrafenamt waren der Auslöser dafür, dass bereits 1151 König Konrad III. auch Rheineck (*Rinecca*) belagerte, das schließlich niedergebrannt wurde. Versuche Pfalzgraf Konrads (von Staufen, Pfalzgraf 1156–1195), die Ruinen als Amtsgut zurückzugewinnen, scheiterten 1164 an der Gegenwehr des Kölner Domdekans Philipp von Heinsberg, der die Anlage neu befestigen ließ. Danach wurde die Eignerschaft des Erzbistums Köln nicht mehr in Frage gestellt. Ein aus der kölnischen Ministerialität stammender Burggraf von Rheineck, der den seit 1190 bekannten Burgmannen vorgesetzt war, lässt sich erstmals mit einem Heinrich (*Henricus burgravius de Rineggen*) 1200 belegen.

Doch bereits seit Ende des 13. Jahrhunderts nehmen die Versuche dieser Burggrafen zu, sich aus der kölnischen Ministerialität zu lösen. Teils nach gewaltsamen Auseinandersetzungen (Belagerung von Rheineck 1301) erfolgte vertragliche Regelungen legten 1301/1302 fest, dass die Burg kölnisches Allod und Offenhaus der Kölner Kirche sei und der jeweilige Burggraf sowie die Burgmannschaft grundsätzlich der kölnischen Ministerialität anzugehören hatten. Im Gegenzug bestätigte der Kölner Erzbischof die Erblichkeit der Burggrafschaft gemäß kölnischem Lehnsrecht. Tatsächlich aber sollte der ursprüngliche Amtstitel „Burggraf von Rheineck" spätestens im Jahr 1463 ganz offiziell zum Geschlechternamen werden. Nach Aussterben der Familie mit Jakob II. 1539 kam Rheineck nebst Burggrafschaft nach Erbstreitigkeiten schließlich 1571 an Samson von Warsberg (heute Varsberg). Philipp von Warsberg verkaufte sie 1654 an den österreichischen Grafen Rudolf von Sinzendorf. Im Verlauf des Dreißigjährigen Krieges 1632 von schwedischen Truppen besetzt und

Teilansicht der Eingangssituation mit (alter) Burgkapelle – Stahlstich von D[ ] Thompson nach Zeichnung von William Tombleson, vor 1832

noch 1646 in Verteidigungszustand versetzt, folgten für Rheineck Zerstörungen in den Jahren 1689 durch französische und 1692 durch kölnische Truppen, nach denen nur noch der Turm und die Kapelle als unbeschädigte Bauwerke standen. Die 1718 unzureichend und verkleinert wiederhergestellte Anlage brannte 1785 ab; 1803 befand sich das Dach in schlechtem Zustand, Mauern waren einsturzgefährdet oder bereits verfallen.

1832 kaufte der Bonner Professor Moritz August von Bethmann-Hollweg die Ruine für gut 20.000 Taler und ließ insbesondere die Kapelle durch Johann Claudius von Lassaulx von 1832–1836 in neoromanischen Formen neu entstehen, wobei ein Großteil der originalen Mauersubstanz abgerissen wurde. Noch heute befindet sich die Burg in Privatbesitz und ist nicht zugänglich.

Von den ursprünglichen Gebäuden ist zunächst ein steinernes Haus bekannt, das der Kölner Domdekan Philipp von Heinsberg 1164 er-

Teilansicht der Eingangssituation mit neuer Burgkapelle – Kolorierte Lithographie von Jakob L. Buhl nach Zeichnung von Peter Becker, o.J. [um 1855]

richten ließ und das eine goldene/vergoldete, im Jahr 1300 noch vorhandene pinienzapfenartige Spitze (... *cum pinaculo aureo*) trug. Gemäß Baubefund stammt auch der erstmals 1300 belegte Bergfried mit Buckelquadermauerwerk aus dieser Zeit. Während des Episkopats Erzbischof Engelberts II. (1261–1274) wird ein „unterer Turm" (*turris inferior*), zu Beginn des 14. Jahrhunderts eine Umzäunung, ein Turmhüter, Wächter, Pförtner, schließlich seit 1382 eine Vorburg erwähnt. Ein 1300 angeführter Kaplan verweist auf die bereits damals vorhandene Kapelle, für deren Beleuchtung noch 1571 Vorsorge getroffen wurde. 1377 erhielt Knappe Heinrich von Rheineck anlässlich seiner Bestallung zum Burgmann die Hoftstatt (*area*) auf Rheineck als Burglehen.

Die grandiose Lage der Burg auf dem Gipfel eines Sporns über dem Rhein vermag mit Recht zu begeistern. Die Auffahrt aus dem Tal führt ganz um den Berg herum. Ein überwachsener Zwinger unbekannter

Ansicht von Südosten – Kolorierte Zeichnung von N.N., 1832

Zeitstellung leitet durch ein Tor zur ehemaligen Kernburg. Wie viel an mittelalterlicher Substanz heute noch in der schwer einsehbaren polygonalen Ringmauer steckt, bleibt unklar. Der teilweise erhaltene Gang innerhalb der Mauer zu einer Abortanlage gehört jedoch zweifellos in diese Zeit.

Der abgewinkelte Wohnbau, durch dessen Torgasse man das Burginnere erreicht, ist ein kompletter Neubau der Jahre 1832–1836, der nur den Grundriss der Vorgängerbauten übernahm, und stellt ein beeindruckendes Zeugnis neoromanischer Architekturströmung dar. Während über die einstige Wohnbebauung fast nichts bekannt ist, kommt der ebenfalls wiederaufgebauten Kapelle eine Sonderstellung zu, da sie nach Aussage des Architekten Lassaulx „im Äußeren getreu der alten nachgebildet" wurde. Die auffälligste Abweichung zum mittelalterlichen Vorbild liegt in der baulichen Verbindung zum Wohnhaus, während die ursprüngliche Kapelle frei stand. Der über der Durchfahrt liegende, im Grundriss achteckige Bau mit Chornische ist im Inneren rund und wölbt sich über einem Mittelpfeiler mit sternförmigem Gewölbe. Das zweite Geschoss, der einstige Musiksaal, wird mittels eines Plattenfrieses und rundbogigen Fenstern unter Blendbögen besonders hervorgehoben. Das Wissen um die Vergleichbarkeit des Baues mit seinem Vorgänger gestattet es, jenen anhand

Ansicht von Westen, 2010

der Schmuckformen etwa ins zweite Viertel des 13. Jahrhunderts zu datieren.

Der mächtige quadratische Bergfried an höchster Stelle des Geländes ist übereck hinter dem Bering platziert. Abgesehen vom erneuerten Zinnenkranz und einigen modernen Fensteröffnungen hat er äußerlich sein originales Gepräge erhalten können. Ins Auge stechen zunächst die unterschiedlichen Materialien: unten große Basaltquader mit vereinzelten Buckeln, die sich nur an zwei Ecken bis nach oben ziehen, und darüber ein Verband aus Bruchstein und kleinen Tuffquadern. Trotz des Materialwechsels muss der Turm als einheitliches Bauwerk aus den Jahren kurz nach 1164 angesehen werden. Möglicherweise ist die Erklärung hierfür in der Auseinandersetzung mit Pfalzgraf Konrad von Staufen zu suchen, die den Bauherrn Philipp dazu veranlasste, auf ein schnelleres Bauen mit Bruchstein umzuschwenken. Ebenfalls ungewöhnlich sind die zwei originalen Hocheingänge im ersten Obergeschoss, von denen einer vermauert, der andere als Fenster ausgebaut ist. Schlitzfenster nahe der Ecke zeigen die dahinterliegende bauzeitliche Wendeltreppe an. Auch diese Lösung unterstreicht das Außergewöhnliche der gesamten Burg. Das Innere des Bergfrieds ist mittlerweile völlig verändert, überliefert sind flache Holzdecken für den Ursprungsbau.

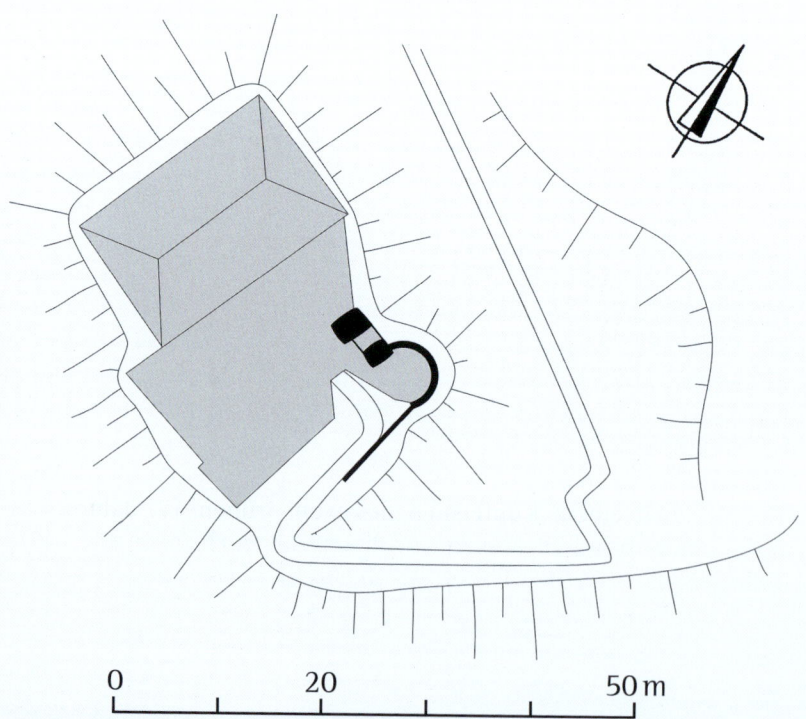

Luftaufnahme von Südosten, 2009

Grundrissskizze, 2009

Burg Rolandseck

Die bisherige Annahme, dass Burg Rolandseck auf Veranlassung Erzbischof Friedrichs I. von Köln (also zwischen 1099 und 1131) errichtet worden ist, beruht auf wesentlich späteren Schriftquellen und ist nicht gänzlich gesichert. Ihr Name geht zweifellos auf denselben Begriff zurück, der auch für die Benennung der nahen Rheininsel (heute Nonnenwerth) Verwendung fand, deren ältester Nachweis aus dem Jahr 1126 *Rûleicheswerd* („Rulechsinsel") lautet. Erst spätere Belege seit dem 14. Jahrhundert zeigen eine Verschleifung hin zum seitdem relativ durchgängig verwendeten *Rolandzecke*.

Gemäß der zweiten, jedoch erstmals sicheren Erwähnung der Burg in einer Urkunde von 1302 nötigte König Albrecht den Kölner Erzbischof Wikbold dazu, Rolandseck abzubrechen und dafür Sorge zu tragen, dass kein Neubau errichtet würde. Ungeachtet dessen ist belegt, dass 1326 der Dekan des Bonner Cassiusstifts, Johann, auf eigene Kosten einen Wiederaufbau finanziert hatte und die Anlage nebst der Vogtei über die Dörfer Mehlem und Lannesdorf sowie einer Mühle als kölnisches Lehen erhielt. Im 14. Jahrhundert wurde die Burg zu einem oft genutzten Aufenthaltsort der Kölner Erzbischöfe, obwohl sie 1366 durch Engelbert III. an das Erzbistum Trier verpfändet wurde (Rücklösung 1376). 1375 lässt sich erstmals ein kölnischer Amtmann nachweisen.

1451 wurden Burg und Amt Rolandseck für 7.000 Gulden durch Erzbischof Dietrich II. von Köln an Graf Philipp von Katzenelnbogen verpfändet. Später in eine jährliche Zinssumme umgewidmet, sollte diese Verpfändung für mehr als vier Jahrzehnte Bestand haben. Während des sog. Neußer Kriegs zogen 1475 Truppen des Markgrafen Albrecht Achilles von Brandenburg vor Rolandseck, dessen Besatzung auf Seiten Erzbischof Ruprechts von Köln stand. Nach mehrwöchiger Belagerung erging noch Anfang März eine Aufforderung an die Burgbesatzung zur Aufgabe, ohne dass die weitere Entwicklung deutlich zu erkennen wäre. Fest steht nur, dass sich 1492 Landgraf Wilhelm III. von Hessen als Erbe Philipps von Katzenelnbogen mit Erzbischof Hermann IV. von Köln einigte, alle bestehenden Pfandschaften zu bezahlen, was offensichtlich auch geschehen ist.

Schenkt man einem Kupferstich des wohl frühen 17. Jahrhunderts Glauben, dann war die Anlage zu dieser Zeit noch unzerstört. 1619–1622 ließ Äbtissin Sybilla von Rolandswerth jedoch bereits die Südspitze der Insel Rolandswerth mit 300 Kahnladungen von Steinen der inzwischen ruinierten Burg befestigen. Nachdem 1673 weitere Teile bei einem Erdbeben eingestürzt waren, stand zu Beginn des 19. Jahrhunderts nur noch ein hoher Mauerrest aufrecht. Dieses Mauerstück wurde unter Rückgriff auf die bekannte Rolandssage als „Rolandsbogen" bekannt und überlagerte zunehmend die Erinnerung an die Burg.

Die wenigen Reste, die sich zu Beginn des 19. Jahrhunderts in schlechtem Zustand präsentierten, wurden vor 1828 zugänglich gemacht. Nachdem 1839 schließlich auch noch der obere Teil des Rolandsbogens eingestürzt war, gelang auf Initiative des Dichters Ferdinand Freiligrath (1810–1876) trotz zahlreicher Schwierigkeiten ein vom damaligen Leiter der Kölner Dombauhütte, Ernst Friedrich Zwirner, mit Spendenmitteln durchgeführter Wiederaufbau innerhalb weniger Monate.

Aufgrund der nur marginalen Überreste sind kaum Aussagen zum früheren oder gar mittelalterlichen Zustand von Burg Rolandseck zu treffen. Aus den Schriftquellen ist lediglich bekannt, dass spätestens 1398 ein Palas existierte, in dem Erzbischof Friedrich III. von Köln eine Urkunde ausstellte. Die wenig nach 1600 angefertigte Abbildung zeigt

Ansicht von Südosten – Kupferstich von N.N. nach unbekannter Vorlage, o.J. [um 1610]

Ansicht des Rolandsbogens von Südwesten, 2010

die noch unzerstörte, relativ kleine Höhenburg mit Bergfried in Frontlage, dem wohl später ein Zwinger vorgelegt wurde, sowie einen zweigeschossigen Palas dahinter. An diesen schließen sich hangabwärts gestaffelt drei Türme an, wobei der mittlere, runde wahrscheinlich den ursprünglichen Umfang der Burg anzeigt. Auch hier scheint ein Zwinger, vielleicht aber auch nur ein vorgeschobener Einzelturm nachträglich zum mittelalterlichen Baubestand hinzugekommen zu sein.

Im Gelände heute noch deutlich erkennbar ist der mutmaßliche frühere Halsgraben, der den eigentlichen Burghügel vom dahinter ansteigenden Berggrat abtrennt. Der völlig zugewachsene Rolandsbogen ist eine etwa acht Meter hohe und drei Meter breite Mauerpartie, die bis auf den Bogen ausgebrochen ist. Angesichts des jetzigen Zustands, der keine Scheidung von wieder aufgebauten und originalen Teilen erlaubt, können keine wesentlichen Aussagen zum Bestand getroffen werden. Direkt unterhalb des Bogens liegt rheinseitig ein im Grundriss runder Flankierungsturm in Eckposition, der denselben Verband wie der Bogen aus annähernd schichtrechtem Basaltbruchstein zeigt. Bei dem ebenfalls überwachsenen Turm könnte es sich um den im Kupferstich des frühen 17. Jahrhunderts dargestellten mittleren Rundturm handeln.

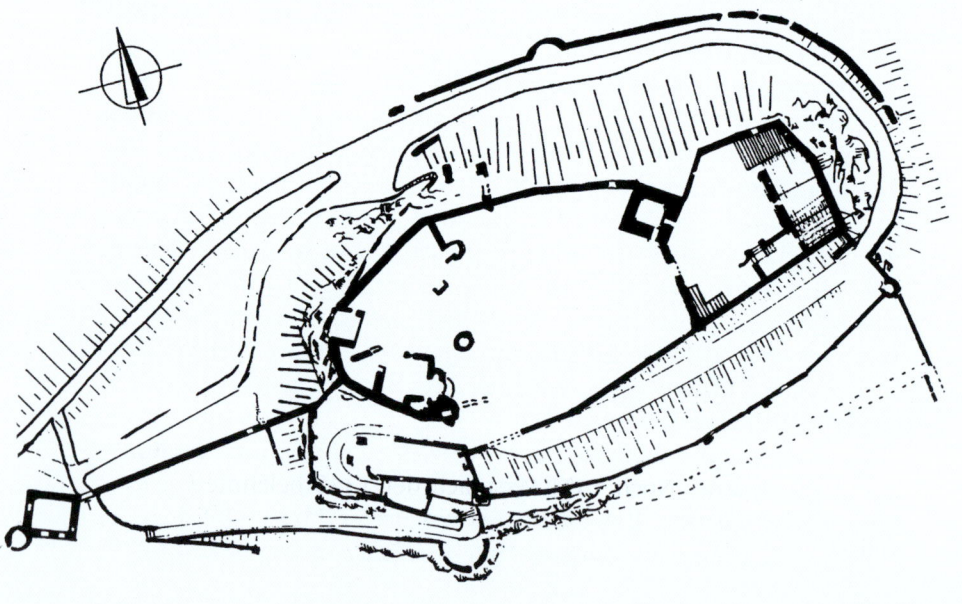

Luftaufnahme von Süden, 2009

Grundriss, vor 1984

0   20   50 m

Burg Sayn

Die heute als Burg Sayn bezeichnete Anlage besaß nach Ausweis von eindeutigen Bauspuren eine Vorgängeranlage aus dem 12. Jahrhundert im unteren Brexbachtal, die als eigentliche Stammburg der erstmals 1139 nachweisbaren Grafen von Sayn anzusprechen ist. Es wird jene „sehr feste Burg Sayn" (*Seine, fortissimum presidium*) des Grafen Eberhard gewesen sein, die nach Aussage der Kölner Königschronik mit der vorgeschobenen Begründung der Friedensverletzung – im Hintergrund standen territoriale Interessenkonflikte – 1152 von Erzbischof Arnold II. von Köln belagert und schließlich „verbrannt und dem Erdboden gleichgemacht" wurde. Tatsächlich zeigen archäologische Befunde aber, dass diese erste Burg Sayn wohl noch bis in die Zeit um 1200 weiter existierte. Dazu passt, dass die beiden Grafen Eberhard und Heinrich ihre Stammburg (*castrum, quod Sana dicitur*) und den Hof (*curia*) Sayn lediglich einen Monat nach der angeblich totalen Zerstörung dem Trierer Erzbischof Hillin zu Lehen auftrugen und sich damit dem kölnischen Druck zu entziehen versuchten. Spätestens Erzbischof Bruno III. von Köln akzeptierte 1192 diese trierische Lehnsherrschaft.

Die Vorgänge von 1152 können insofern nicht mit der heute als Burg Sayn angesprochenen Anlage in Verbindung gebracht werden. Gemäß Baubefund dürfte erst unter den Grafen Heinrich II. (1172–1203) und Heinrich III. (1203–1247) auf dem offensichtlich schon früher besiedelten Kehrberg mit dem Bau einer neuen Befestigungsanlage begonnen worden sein. Bereits für das Jahr 1202 ist mit Arnold ein eigener Burggraf belegt. Nach dem Aussterben der Hauptlinie der Grafen von Sayn mit dem Tod Heinrichs III. 1247 und seiner Ehefrau Mechthild kamen Ort und Burg schließlich an eine Seitenlinie der Grafen von Sponheim. 1265 verständigten sich Gottfried von Sponheim, der sich bereits als Graf von Sayn betitelte und schon 1261 eigene Burgmannen eingesetzt hatte, und sein Bruder Heinrich in einem Teilungsvertrag über die Verteilung der Grafschaften Sponheim (an Heinrich) und Sayn mit der gleichnamigen Burg (an Gottfried).

Belehnungen in der Folgezeit zeigen, dass das frühere Lehnsverhältnis zwischen den Grafen von Sayn und den Erzbischöfen von Trier weiterhin Bestand hatte. Noch 1351 versprach der 1340 belehnte Graf Johann III. dem Trierer Erzbischof Balduin, *vnser Hus vnd Vesten zu Seyne* nicht veräußern zu wollen. 1468 belehnte Johann II. von Trier

Ansicht von Schloss (im Vordergrund) und Burgruine Sayn (im Hintergrund) von Westen – Stahlstich von F[riedrich] Foltz nach Zeichnung von J[ ] Jung, o.J. [um 1850]

den Grafen Gerhard II. (1420–1493) mit Burg und Talsiedlung (*schloß Sayne mit samt dem dale*). Nachdem auch die Grafenlinie Sayn aus dem Hause Sponheim 1606 mit Heinrich IV. im Mannesstamm erloschen war, zog Kurtrier das erledigte Lehen ein, rekatholisierte den 1561 reformierten Ort und setzte einen eigenen Amtmann auf der Burg ein. Zerstört wurde die Anlage während des Dreißigjährigen Kriegs 1633 durch schwedische Truppen. Nach mehrfachen Besitzerwechseln im 17. und 18. Jahrhundert fiel die Ruine 1803 an Fürst Friedrich Wilhelm von Nassau-Weilburg (1768–1816), der sie jedoch nach dem Wiener Kongress 1815 an das Königreich Preußen abtreten musste.
1848 kam Fürst Ludwig Adolf Friedrich zu Sayn-Wittgenstein-Berleburg (1799–1866) durch eine Schenkung des preußischen Königs Friedrich Wilhelm IV. in den Besitz des Ruinenkomplexes und nannte sich seitdem „zu Sayn-Wittgenstein-Sayn". Auf seine Initiative hin wurde nicht nur das am Fuß des Burgbergs gelegene Schloss neugotisch umgebaut, sondern auch Teile der Burgruine, darunter der einsturzgefährdete Wohnbau an der Westseite, abgerissen. Im 20. Jahrhundert folgten von 1978–1982 Aufräumungs- und Sanierungsarbeiten, in deren Verlauf der Bergfried wiederhergestellt, der Palasbau neu errichtet und die bedeutenden

Reste der spätromanischen Kapelle gesichert und überdacht wurden. Burgruine und das von 1981–1987 ausgebaute Schloss befinden sich auch heute noch im Besitz der Familie zu Sayn-Wittgenstein-Sayn.

Die insgesamt sehr umfangreiche Burganlage liegt auf einem nach drei Seiten abfallenden Sporn über dem Zusammenfluss von Brexbach und Sayn. Sie entwickelt sich den Bergrücken hinab über eine Distanz von etwa 250 Metern und besteht aus der am höchsten Punkt gelegenen hochmittelalterlichen Burg, der dann sukzessive zwei eigenständige Vorburgen als Burgmannensitze sowie Zwinger auf der Südseite angefügt wurden. Anstelle eines dritten Burghauses im Tal steht heute das Schloss der Familie zu Sayn-Wittgenstein-Sayn.

Die stauferzeitliche Burg besaß einen etwa ovalen Grundriss mit einem sehr breiten Halsgraben an der Bergseite. Wesentliche Partien der Ringmauer dieser Bauzeit bestehen nur noch im Südosten und Osten, letzte als Schildmauer. Hinter der abgewinkelten hohen Mauer mit später aufgesetztem Wehrgang samt einstiger Tourelle an der Nordecke lag das Hauptgebäude der Burg. Von dem in der Südostecke platzierten zweigeschossigen Bau ist nur noch das nachträglich gewölbte

Reste des ornamentierten Fußbodens in der Burgkapelle, 2009

Ansicht des östlichen Burgteils mit Bergfried von Westen – Zeichnung von Leopold Eltester, 1846

Untergeschoss erhalten. Der Erbauungszeit gehört darüber hinaus der übereck gestellte Bergfried an. Dieser quadratische Turm ist im Inneren bei genauer Betrachtung fünfeckig, da die östliche, dem Angreifer zugewandte Seite verstärkt wurde. Sein viergeschossiger Aufbau zuzüglich Wehrplatte zeigt vor allem in den beiden oberen Stockwerken einen gewissen Wohnkomfort, worauf auch der Auslass eines Abortschachts am Fuß der nördlichen Außenseite hinweist.

Besondere Beachtung verdient die spätromanische Burgkapelle (um 1220/30) gegenüber dem Turm im Westen, deren Überreste, allen voran der teilweise erhaltene Altar und der ornamentierte Fußboden, unter einem Schutzbau verborgen sind. Die einschiffige Doppelkapelle mit kurzem Querhaus verfügte über einen Dreikonchenchor im Osten sowie eine Konche im Westen, was ihre Vorbilder am Niederrhein und besonders in Köln suchen lässt. Schließlich ist auch der Brunnen in der Mitte des Hofs der ersten Phase der Burg zuzurechnen.

Zur ersten großen Baumaßnahme dürfte es im 14. Jahrhundert gekommen sein: Hierbei wurde die Burg mittels einer neuen Mauer in einen kleineren östlichen und einen größeren westlichen Bereich un-

Ansicht des östlichen Burgteils mit Bergfried von Westen, 2009

terteilt. Diese Trennmauer setzt am Bergfried an und zieht sowohl nach Norden als auch in Richtung Süden, wo sie auf die alte Ringmauer stößt. Architektonisch wird die Quermauer durch einen beidseitig über einem Bogenfries auskragenden Wehrgang sowie eine polygonale Ecktourelle hervorgehoben. Im Zuge der Burgerweiterung nach Westen wurde auch der Hauptzugang, der sich vorher auf der Nordseite befand, nun auf die Südseite verlegt und durch einen großzügigen Torzwinger geschützt. Der dortige Bering wartet mit langen Schlitzscharten unter Wehrgangbögen auf.

Während der große untere Rittersitz von Stein bereits im 14. Jahrhundert entstand, datiert das mittlere Burghaus der Familie von Reiffenberg ausweislich der Bauformen wohl ins 15. Jahrhundert. Dieser Zeit dürfte auch der lange, mit vielen Feuerwaffenscharten und zwei Ecktürmchen versehene großräumige Zwinger vor der südlichen Ringmauer angehören. Ebenfalls zur Sicherung dieser Seite entstand als eine der letzten Verteidigungsmaßnahmen das angrenzende Rondell. Möglicherweise erst der Renaissance sind schließlich die fragmentarischen Reste eines Hauses mit anstoßendem Treppenturm im Hof zuzuschreiben.

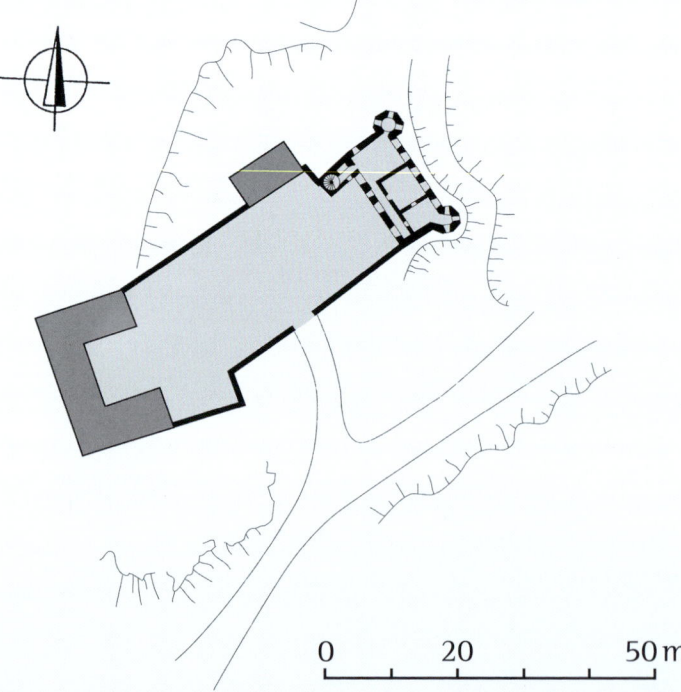

Luftaufnahme von Süden, 2009

Grundrissskizze, 2010

Burg und Schloss Schweppenburg

Die unweit der Mündung des Brohlbachs in den Rhein gelegene Schweppenburg vermittelt nach mehrfachen Umbauten in der Neuzeit eher den Eindruck eines kleinen Schlosses als einer mittelalterlichen Wehranlage. Doch gehen ihre Ursprünge mindestens bis in das 14. Jahrhundert zurück, wie ein Blick in die überlieferten Schriftquellen zeigt. 1364 belehnte der namentlich nicht genannte Erzbischof von Köln – gemeint ist wahrscheinlich Engelbert III. – den Robert/Ruprecht von Schweppenburg (*Swepenburg*) mit dessen gleichnamiger Burg nebst einem Burglehen zu Andernach und weiteren Vergünstigungen. Daraus wird deutlich, dass die Burg Eigentum des Erzbistums Köln war. Über den Entstehungsgrund zumal in geringer Nähe zur ebenfalls kölnischen, aber wesentlich älteren Burg Rheineck kann wegen des Schriftquellenmangels nur spekuliert werden; denkbar, aber nicht nachweisbar ist, dass es sich ursprünglich um eine Eigengründung des Geschlechts von Schweppenburg gehandelt hat, die zu unbekanntem Zeitpunkt dem Erzbischof von Köln zu Lehen aufgetragen worden war. Neben Robert/Ruprecht von Schweppenburg, der nur 1364 genannt wird, lässt sich von 1365–1390 ein Arnold von Schweppenburg nachweisen, der als Schöffe in der kölnischen Stadt Andernach amtierte. 1385 wurde er von Erzbischof Friedrich III. von Köln außer mit der gleichnamigen Burg und dem Andernacher Burglehen auch mit einer unterhalb seines Stammsitzes gelegenen Mühle und dem sogenannten Mühlenwingert, einem Weinberg nahe der Mühle, belehnt. Ebenfalls noch dieser Familie dürfen ein Knappe Arnold (1405) und ein vielleicht identischer Arnold (1441) zugerechnet werden.
Wie eine weitere Urkunde aus dem Jahr 1457 verrät, waren zu dieser Zeit ein Arnold von Schweppenburg der Alte und sein gleichnamiger Sohn bereits verstorben. Als Erben traten mit den Brüderpaaren Klaus und Friedrich von Schmidtburg sowie Werner und Heidenreich von Dattenberg Neffen des jüngeren Arnold auf, woraus geschlossen werden kann, dass auch die Schweppenburg als kölnisches Lehen an sie gekommen war. 1531 belehnte Erzbischof Hermann von Köln den Emmerich Kolb von Vettelhoven mit den üblichen Lehen, in dessen Familie der Besitz bis zum Jahr 1590 blieb. Nachdem zwischenzeitlich Thomas Kolb von Vettelhoven vor 1582 verstorben war, bereicherten sich die für seine Erbtochter Anna eingesetzten Vormünder in einem der-

Ansicht von Südosten – Lithographie von Winckelmann u. Söhne nach unbekannter Vorlage, vor 1863

artigen Ausmaß, dass 1591 vor dem Stadtgericht Euskirchen über die abzulösenden Schulden verhandelt werden musste.

Noch vor 1630 kam die Burg an Bertram († 1639) und Wilhelm († 1662) von Metternich, auf deren Veranlassung 1630/38 das heute dominierende neue Schlossgebäude errichtet wurde. Wiederum über weibliche Erbfolge folgte ab 1663 die Familie von Loen(-Holdinghausen) als Lehnsnehmer, bevor Johann Werner von Loen 1716 die Schweppenburg an Rudolf Adolf von Geyr verkaufte. 1785 ließ Rudolf Constanz von Geyr die alten Burggebäude abbrechen und durch ein neues Pächterhaus ersetzen. Bis 1800 noch kölnisches Lehen, gehört die Anlage bis heute der 1743 in den Reichsfreiherrenstand aufgenommenen, ursprünglich aus Westfalen stammenden Familie von Geyr, die sich nach ihrem Schloss als „von Geyr zu Schweppenburg" bezeichnet.

Im Brohltal gelegen, gefällt das Schlösschen durch seine malerische Lage im Talgrund. Über einem abgesetzten Sockel erhebt sich ein rechteckiger

Baukörper mit zwei polygonalen Ecktürmen, welche mit welschen Hauben gedeckt sind. Ein kurzer nördlicher Anbau verband ehedem den Neubau mit der alten Burg. Wichtigster architektonischer Schmuck des dreigeschossigen Baus sind seine hohen, durch Gesimse gegliederten und ornamentierten Schweifgiebel auf Schmal- und Langseite. Das umlaufende, die Turmobergeschosse einbindende Hauptgesims fasst die Bauelemente zusammen und betont die Vertikale. Einen weiteren Akzent setzen die zahlreichen, allerdings schlichten Stockfenster der Schauseite.

In die westliche Einfriedungsmauer vor dem Schlossbau vermauerter Wappenstein mit Wappen und Initialen von B[ertram] v[on] M[etternich] H[err] z[u] S[chweppenburg] (1637), 2009

Der Keller kann anhand der einfachen Schlitzfenster bereits von außen identifiziert werden. Nicht aus kunsthistorischer, sondern aus typologischer Sicht verdienen die in allen Geschossen des Südturms vorhandenen kurzen Schlüsselscharten Beachtung, denen eine gewisse fortifikatorische Bedeutung zugekommen war.

Die Hofseite ist mit ihren drei Fensterachsen deutlich einfacher gehalten. Das liegt sowohl an der geringeren Bedeutung gegenüber der feldseitigen Schauseite als auch an der ursprünglichen Uneinsehbarkeit: Die mittelalterliche Burg, ein spätgotischer Rechteckbau mit Ecktourellen, lag dem Schlösschen nämlich unmittelbar und nur durch einen engen Hof getrennt seitlich gegenüber. Die ehemalige Ansatzstelle ist am kurzen Seitenflügel noch ablesbar. Eine Baufuge auf der Rückseite verrät, dass der Neubau von 1630/38 gegen eine bestehende ältere Mauer gesetzt worden war. Das schlichte Basaltportal des Flügelbaus, dessen geschweifter, stark ornamentierter Ziergiebel die Tür für einen Speicheraufzug aufweist, leitet über eine Wendeltreppe in die einzelnen Etagen. Im Innern, das zu weiten Teilen die ursprüngliche Aufteilung bewahren konnte, sind die originalen kölnischen Decken der Erbauungszeit im Erdgeschoss bemerkenswert.

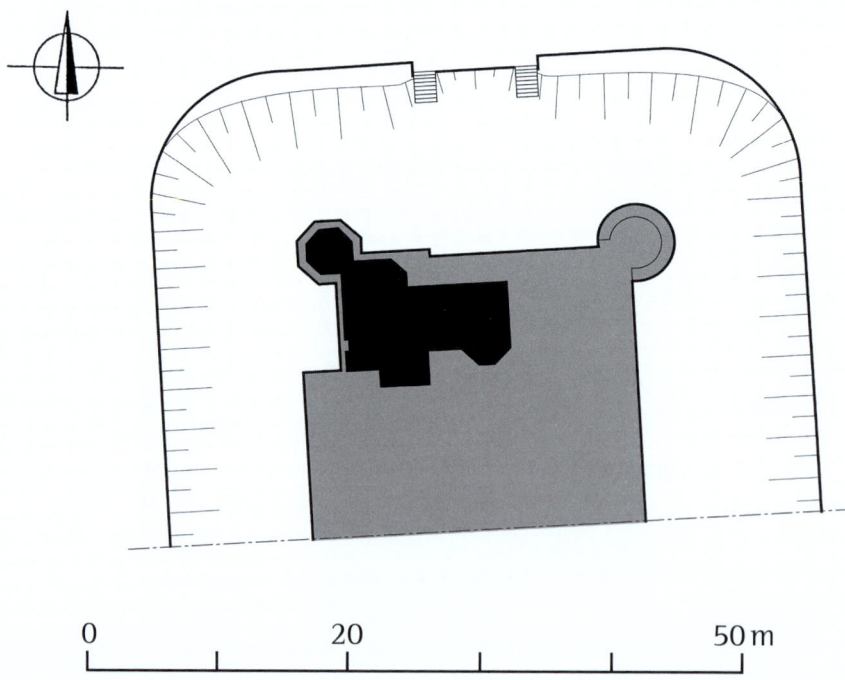

Luftaufnahme von Süden, 2009

Grundrissskizze, 2010

0   20   50 m

Burg und Schloss Sinzig

Schloss Sinzig steht auf den Grundmauern einer Wasserburg, von der aus mittelalterlicher Zeit nur wenige schriftliche Nachrichten überliefert sind. 1337 stellte Kaiser Ludwig IV. (der Bayer) dem Markgrafen Wilhelm I. – bzw. nach Zählung als Graf Wilhelm V. – von Jülich die Erlaubnis aus, außerhalb der Mauern von Sinzig eine neue Burg zu errichten (... *ut in oppido ... Sintzeghe ... de nouo castrum erigere et construere possis*), die der Verteidigung des verpfändeten Ortes dienen sollte. 1348 muss diese Wehranlage bereits existiert haben, wie eine Urkunde König Karls IV. belegt, in der dieser eine „Burg in unserer Stadt Sinzig" als errichtet und erbaut bezeichnete (*castrum in oppido nostro Sintzeghe erexerit et construxerat*). Daraus wird deutlich, dass es sich um eine auf (verpfändetem) Reichsgut gegründete Burg und damit um eine Reichsburg handelte. So erklärt es sich auch, dass 1376 Rolman von Ahrenthal mit diesem Reichslehen durch das Reichsoberhaupt belehnt werden konnte.

Nach 1569 wurden die Gebäude im Auftrag des Herzogs von Jülich-Kleve-Berg durch den Baumeister Maximilian Pasqualini und seit 1572 durch dessen Bruder Johann ausgebessert und erweitert. Wie eine Kostenberechnung aus dem Jahre 1574 ausweist, sollten unter anderem ein Turm erhöht und die Zugbrücke erneuert werden. Weitere Sanierungsarbeiten erfolgten noch während des Dreißigjährigen Krieges, bevor die Anlage von 1653–1663 als Wohnsitz der Ehefrau Pfalzgraf Wolfgang Wilhelms diente.

Im Pfälzischen Erbfolgekrieg am Ende des 17. Jahrhunderts von französischen Truppen zerstört, verfiel die Anlage. Eine Beschreibung von 1688 bezeichnet sie als ein „gar altes", aber benutzbares Bauwerk, das über eine Zugbrücke und zwei Pforten betreten werden konnte; die Ecktürme befanden sich noch in gutem Zustand. Vom ehemaligen Wassergraben waren in der ersten Hälfte des 19. Jahrhunderts noch vier große Teiche vorhanden.

1850 kaufte Gustav Otto Bunge das Gelände und ließ von 1854–1858 durch einen Schüler Ernst Zwirners, Vincenz Statz, eine neugotische, schlossartige Villa mit achteckigem Turm errichten; der umgebende Park wurde nach Plänen von Joseph August Lenné (Neffe des bekannten Peter Joseph Lenné) gestaltet. Nach dem Zweiten Weltkrieg, in dessen Verlauf die Brunnenanlage im Garten 1944 zerstört worden war, erwarb

Ansicht von Burg und Stadt – Kupferstichvignette auf einem Sinziger Gesellenbrief von N.N., 18. Jahrhundert [vor 1787]

die Stadt Sinzig das Schloss und brachte hier das Heimatmuseum unter. Vor den Eingangsbereich wurde 1952 eine Vorhalle angefügt.
Nach der einzigen aussagekräftigen Abbildung aus der Mitte des 18. Jahrhunderts auf einem Sinziger Gesellenbrief lässt sich feststellen, dass es sich zumindest bei dem neuzeitlichen Schloss um eine vierflügelige, nahezu quadratische Niederungsanlage mit jeweils einem Rundturm an den Ecken gehandelt hat. Mit Bestimmtheit hat die heutige Anlage von der ehemaligen Burg bzw. dem neuzeitlichen Schloss den ehemaligen, früher mit Wasser gefüllten Graben samt angrenzendem Wall übernommen. Wahrscheinlich stammt auch eine kleine Partie Mauerwerk neben dem Kellereingang auf der Westseite aus der Burgära. Der im Sockel hervorragende unregelmäßige Bruchsteinverband unterscheidet sich signifikant vom Umfeld und ist als stehengebliebenes Füllmauerwerk gut vorstellbar. Häufig wird auch das im Grundriss runde Bauteil von mehreren Metern Durchmesser auf der Nordostseite („Rondell") als Bestandteil eines der vier Rundtürme der Burg angesehen. Ohne eingehende Untersuchung ist jedoch nicht zu entscheiden, ob der mit leichter Dossierung ausgeführte Sockel tatsächlich ein Relikt des Umbaus der 1570er Jahre oder Überbleibsel einer Umplanung des 19. Jahrhunderts ist.
Die Villa mit im Grundriss unregelmäßigem Baukörper besitzt als Schauseiten die in überbordender Weise mit neugotischen Elementen ge-

Ansicht von Nordwesten, 2009

schmückten Fassaden nach Norden (Garten) und Osten. Blickfang ist der an einen Bergfried erinnernde Turm mit auskragendem Zinnenkranz unter hohem Spitzdach. Die Innenausstattung spiegelt in ähnlicher Weise das Zeitgefühl einer großbürgerlichen Familie des 19. Jahrhunderts in vielen Details anschaulich wider. Die kunstfertigen Wandvertäfelungen und -malereien verdienen dabei besondere Beachtung.

Luftaufnahme von Südosten, 2009

Grundriss, 1931

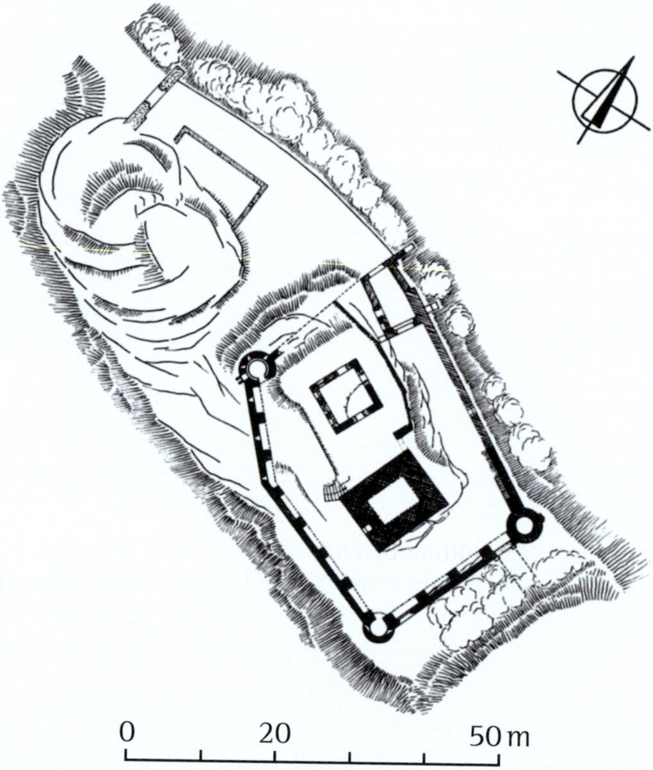

0 20 50 m

Burg Wernerseck

Wie die Gesta Treverorum berichten, begann Erzbischof Werner von Trier (1388–1418) mit dem völligen Neubau einer Burg, die nach ihm benannt wurde (... *arcem Wernersseck de novo construxit; unde et a suo nomine idem castrum nominatur*). Gegen die Errichtung dieser als Wernerseck bezeichneten Wehranlage auf einem „Alderburg" genannten Berg protestierten Erzbischof Friedrich III. von Köln und Graf Ruprecht/Robert IV. von Virneburg aus unterschiedlichen Gründen. Während der Graf von Virneburg, der den Burgberg als sein Eigentum betrachtet hatte, aber im Februar 1402 auf alle Ansprüche „des burglichen Baus wegen, den derselbe unser Herr (Erzbischof Werner) baut zu Wernerseck auf einem Berg", verzichtet hatte, beharrte der Kölner Erzbischof auf seinem Einspruch. Aus seinen Einwendungen wird deutlich, dass Erzbischof Werner von Trier während der Abwesenheit seines Kölner Amtskollegen, der König Ruprecht auf dessen Romzug vom Oktober 1401 bis April 1402 begleitet hatte, mit dem Burgbau begann, was Friedrich III. dementsprechend als ehrabschneidend deklarierte. Nach langwierigen Verhandlungen kam erst 1409 eine auch andere Streitpunkte umfassende Einigung zustande, in der Erzbischof Friedrich III. von Köln auf alle Ansprüche verzichtete.

Wernerseck blieb somit trierisches Eigentum und wurde Sitz eines 1412 mit Konrad Kolbe von Boppard erstmals belegten Amtmanns für das Gericht Ochtendung, der ständig vor Ort anwesend sein sollte und sich auch um die bauliche Unterhaltung der Anlage zu kümmern hatte. 1541 wurde die Amtseinheit von Burg und Ort unter Erzbischof Johann III. von Trier getrennt, indem das „Haus Wernerseck" (*Huyß Wernerseck*) allein an den trierischen Amtmann von Pfalzel, Georg von Eltz, verpfändet wurde. In den betreffenden Urkunden werden nunmehr *Amptleut zu Wernerseck* erwähnt. Georg von Eltz hatte zudem auf eigene Kosten einen Burggrafen oder Diener zu beschäftigen und 1.000 Gulden für den baulichen Erhalt aufzuwenden.

Als es 1632/36 Caspar von Eltz gelang, den bisherigen Pfandbesitz durch Erzbischof Philipp Christoph von Trier in ein Lehen umwandeln zu lassen (endgültige Belehnung 1648), war Wernerseck aus unerfindlichen Gründen bereits verfallen. Die in diesem Zusammenhang für eine Wiederherstellung vereinbarten 2.000 Reichstaler waren noch 1743 und – nachdem Planungen in der zweiten Hälfte des 18. Jahr-

Ansicht von Südosten – Lithographie von A[imé] Henry nach unbekannter Vorlage, o.J. [vor 1864]

hunderts ebenfalls nicht verwirklicht wurden – noch 1792 nicht verbaut worden.

Die weiterhin dem Verfall ausgesetzte und zu einer malerischen Ruine gewordene Anlage kam 1815 in private Hände und schließlich 1955 an die Gemeinde Ochtendung, die sich gemeinschaftlich mit einem Förderverein um die Sicherung bemühte. 2004–2007 wurde der obere Teil des besonders im Inneren verfallenen Wohnturms gesichert.

Die Burg liegt auf einem nach zwei Seiten steil abfallenden Felssporn über dem Tal der Nette. Der annähernd regelmäßige Grundriss zeigt eine Vorburg im Westen und die anschließende Kernburg mit drei runden Ecktürmen samt dem imposanten Wohnturm im Zentrum. Sie wird nur in Richtung Osten durch einen Graben vom Felsmassiv abgetrennt. Von der Vorburg, deren Mauerzüge wohl nie weiter als bis zur Felskuppe reichten, ist nur wenig Mauerwerk erhalten. Das einst überbaute Kammertor zur Hauptburg lässt durch das Zusammenstoßen zweier Mauerzüge unterschiedliche Bauzeiten erahnen.

Von den drei noch bestehenden Ringmauerabschnitten der Kernburg zeigt der nördlich ans Tor anschließende mit einem Wehrgang auf Basaltkonsolen ein anderes Konzept als die anderen, welche einen auf

Ansicht von Westen (Zustand 1836) – Zeichnung von Leopold Eltester, 1843

Tragbögen ruhenden Wehrgang besitzen. Hier manifestieren sich erstmals die immer wiederkehrenden, für Wernerseck geradezu charakteristischen Planänderungen. Sie zeigen sich auch in der Nordostecke, wo eine Treppe auf den Wehrgang und in den dortigen Flankierungsturm führt. Bereits vom Hof aus wird die besondere Situation durch die beiden aufeinandersitzenden Tragbögen deutlich. An dieser Stelle führte einst ein Tor in die Burg, auf dessen zumindest geplante Hilfskonstruktion Zahnsteine (= dienen der Verzahnung mit einer nachfolgenden Mauer) an der Ecke des Wohnturms hinweisen. Auf der Außenseite der Ringmauer lässt sich das primär zu Repräsentationszwecken aus Basaltquadern sorgfältig gearbeitete, später vermauerte Portal noch deutlich erkennen. Eine weitere, kleine Pforte neben dem Südostturm wird durch eine bauzeitliche Schlitzscharte für Feuerwaffen (!) abgesichert. Die Gestalt des Südwestturms mit mehreren Schieß-

Kapellenerker von innen (links) und Zugang zum Abort (rechts) im Wohnturm, 2009

scharten und Aborterkern ist auch heute noch gut ablesbar. Ein wohl bald nach Errichtung des Wohnturms auf dessen Westseite entstandenes Gebäude diente, wie seine Ausstattung mit Kamin, Wandschränken und Wasserstein belegt, eindeutig gehobenen Wohnzwecken.

Der weithin sichtbare dreigeschossige Bruchsteinbau des Wohnturms wird von vier polygonalen Ecktourellen auf einer auskragenden Wehrplatte bekrönt. Im Osten ragt ein Kapellenerker mit einem fragmentarischen Dreipassfenster aus der Wand. Die übrigen Fenster sind bis auf eines sämtlich verloren und erneuert. Bei genauerer Betrachtung fallen auf Höhe der Obergeschosse Basaltplatten ins Auge, aus denen die Splinte eiserner Zuganker ragen. Diese Eisenverbindungen zur Versteifung der Konstruktion entstammen tatsächlich der Erbauungszeit und sind im Wehrbau dieser Epoche äußerst selten.

Oberer Teil des Wohnturms mit Kapellenerker von Osten, 2009

Der Hocheingang war mittels einer Brücke vom westlichen Burghaus aus erreichbar. Durch ihn gelangt man in die Eingangsetage, welche einen Saal mit Kamin und Abort enthielt. Mittels einer Treppe in der Westmauer erreichte man das nächste Geschoss, das sich seiner Ausstattung wegen als erzbischöflicher Aufenthaltsort zu erkennen gibt. Sechs hohe Kreuzstockfenster belichteten einen ehemals getäfelten Raum, wie die Bettungsrillen der Montagehölzer verdeutlichen. Neben Kamin und einem aufwändigen Abort mit Fenster und Belüftung liegt in einer Nische mit einem Rippengewölbe die durch Läden verschließbare Kapelle. Mittels einer Fachwerkwand war von diesem westlichen Wohnbereich ein davorliegender Flur abgeteilt. Hier mündet in der Nordwand ein Schacht, der Regenwasser vom Dach in einem Behälter sammelte. Auf der Wehrplattform befinden sich in den Ecktourellen regelmäßige kleine Öffnungen, die als Taubenschläge identifiziert wurden.

Wernerseck stellt eine der bemerkenswertesten Burgen am Mittelrhein dar, bietet sie doch neben einer ausgeklügelten Planung bis ins Detail Baubefunde in großer Zahl. Auch wenn die vielen Baufugen auf eine mögliche Vorgängeranlage hinzudeuten scheinen, so handelt es sich doch tatsächlich um einen völligen Neubau auf Grundlage eines Gesamtplans, der freilich während des Bauens erstaunlich oft modifiziert worden ist.

Glossar

Afterlehen
Lehen, das von einem Lehnsherrn an einen Lehnsnehmer vergeben (= weiterverlehnt) wird, das dieser Lehnsherr jedoch selbst zuvor von einem anderen Lehnsherrn empfangen hatte.

Allod(ium), allodial
Rechtliche Bezeichnung für volleigenen und frei verfügbaren Besitz im Gegensatz zum Lehnsbesitz.

Bergfried
Verteidigungsfähiger Hauptturm einer Burg mit hoch gelegenem Eingang, der nicht zu Wohnzwecken errichtet wurde. Davon zu unterscheiden ist der Donjon, ein im Grundriss eher rechteckiger Wohnturm nach französischem Vorbild.

Buckel- oder Bossenquader
Seit der Antike in den Mittelmeerländern, seit dem 12. Jahrhundert bis zum Barock auch nördlich der Alpen verbreitete Art von Werksteinen mit mehr oder weniger bearbeiteter Vorderseite (Bossen) und Randschlag unterschiedlicher Breite.

Flankierungsturm
Gerundeter oder mehreckiger, aus der Mauerflucht vortretender Turm zur Bestreichung der angrenzenden Mauerabschnitte.

Gesta Treverorum
(„Taten der Trierer") Vom Anfang des 12. bis zum Ende des 18. Jahrhunderts fortgeführte chronikalische Schilderung der Taten der Trierer Erzbischöfe von sehr unterschiedlicher Qualität. Dennoch neben dem urkundlichen Material eine zentrale Schriftquelle für die Geschichte des Mittelrheingebiets.

Halsgraben
Tiefer, meist in den Fels geschlagener Graben, der die Burg auf einer Bergzunge vom Massiv und damit von der Angriffsseite abtrennt.

Hurde
Über die Mauer ragender hölzerner Wehrgang, durch dessen Öffnungen im Boden bzw. der Wand ein Gegner bekämpft werden konnte.

Konche
Halbrunder angefügter Raum mit Halbkuppel, jedoch im Gegensatz zur Apsis ohne Altar.

Konsole
(auch: Kragstein) Aus dem Mauerverband vorkragender, oft profilierter Tragstein, der als Auflager für Bauteile wie Erker, Balkone oder auch für Deckenbalken dient.

Lehnsrevers
Schriftliche Bestätigung des Empfangs eines Lehens durch den Lehnsnehmer, die der Lehnsherr erhielt.

Ligisches Lehen
Ursprünglich seit dem 11. Jahrhundert in Frankreich aufgekommene Form des Lehnswesens. Danach verband den Träger eines ligischen Lehens mit seinem Lehnsherrn ein durch alleinigen Treuevorbehalt besonders enges persönliches Verhältnis, dem sich andere Lehnsbindungen unterzuordnen hatten.

Ministerialen
Unfreie Dienstmannen eines Dienstherrn, darunter von besonderer Wichtigkeit die Reichsministerialen, die dem jeweiligen römisch-deutschen König unterstanden.

Öffnungsrecht, Offenhaus
Im Mittelalter das Recht (oft eines Lehnsherrn), sich insbesondere bei militärischen Auseinandersetzungen eines „Offenhauses" – einer Burg oder einer anderen Befestigung (oft eines Lehnsnehmers) – als Stützpunkt zu bedienen.

Plattenfries
Fries, der aus einer Folge von Platten besteht, die meist durch einen deutlichen Steg begrenzt sind.

Saalbau
Mehrgeschossiges Gebäude einer Burg, das im Wesentlichen von einem oder mehreren Sälen bestimmt wird.

Schießscharte
Öffnung im Mauerwerk, die den gesicherten Gebrauch von Fernwaffen ermöglicht. Zu unterscheiden sind einfache Schlitzscharten für Bogen und Armbrust von Scharten für Feuerwaffen, die in mannigfaltiger Ausprägung vorkommen (Schlüssel-, Maul-, Brillenscharten usw.).

Schildmauer
Außergewöhnlich hoher und starker Teil der Ringmauer an besonders gefährdeter Stelle, der die Gebäude dahinter beschirmt. Auch als eigenständiges Bauwerk ausgebildet.

Stift
Ein mit einer Stiftung ausgestattetes Kollegium von kanonisch lebenden Klerikern mit der Aufgabe des Chordienstes an der jeweiligen Stiftskirche. Anders als in Klöstern sind die Kanoniker nicht primär dem Kollegium verbunden, sondern leben für sich in der Gemeinschaft und beziehen aus dem Stiftungsvermögen einen eigenen Unterhalt.

Tourelle
Vorkragendes kleines turmartiges Bauteil, das massiv oder begehbar sein kann.

Zisterne
(auch: Tankzisterne) Meist unterirdisches Sammelbecken für Regenwasser.

Zwinger
Durch (Zwinger-) Mauern gesicherter, vor der Ringmauer gelegener meist schmaler Geländestreifen, häufig mit Gebäuden von nachrangiger Bedeutung.

Touristische Hinweise

Angegeben wird möglichst die kürzeste Wegverbindung von den am Rhein entlang verlaufenden Bundesstraßen B 9 und B 42, in Ausnahmefällen bei besserer Befahrbarkeit oder größerer Sehenswürdigkeit auch eine geringfügig längere Strecke. Angesichts teilweise unterschiedlicher Wegmöglichkeiten bei Anfahrt von Norden oder Süden ist bei Bedarf eine eigene Strecke angeführt. Stand: April 2010.

Ahrenthal
B 9 Sinzig, Ausfahrt Sinzig / Königsfeld ➢ Schloss Ahrenthal = 4 km
➢ Von Norden kommend: B 9 auf Höhe Sinzig über die Ausfahrt Sinzig / Königsfeld verlassen ➢ nach 150 m nach rechts auf die L 82 (Lindenstraße) abbiegen ➢ nach 100 m nach links in die L 82 (Rheinstraße) abbiegen ➢ der L 82 im weiteren Verlauf durch Sinzig und nach dem Ortsausgang in Richtung Franken folgen ➢ nach 3,5 km vor Schloss Ahrenthal links auf dem Besucherparkplatz parken
➢ Von Süden kommend: B 9 auf Höhe Sinzig über die Ausfahrt Sinzig / Königsfeld verlassen ➢ nach 300 m geradeaus über die Kreuzung fahren ➢ nach 100 m nach links auf die Eisenbahnstraße fahren ➢ nach 150 m nach links in die Rheinallee abbiegen ➢ nach 150 m an der Kreuzung geradeaus auf die L 82 (Rheinstraße) fahren ➢ danach wie von Norden kommend
Schlossanlage mit Reitanlage und Forstwirtschaft, die für Feierlichkeiten gemietet werden kann. Ansonsten keine Besichtigungsmöglichkeit der Innenräumlichkeiten
Informationen: 02642/99050-10 – portal.spee.de

Altwied
B 42 Neuwied, Abzweigung B 256 / L 255 ➢ Burgruine Altwied = 6 km
➢ Von der B 42 in Neuwied nach links (von Norden kommend) bzw. nach rechts (von Süden kommend) auf die B 256 / L 255 (Rasselsteinstraße) in Richtung Altwied ins Wiedtal abbiegen ➢ nach 2 km im Stadtteil Niederbieber die B 256 verlassen und links auf die L 255 (Wiedbachstraße) abbiegen ➢ nach 3,5 km in Altwied nach links in die Burgtorstraße abbiegen und auf dem Parkplatz unter der Burgruine parken ➢ vom Parkplatz der Burgtorstraße folgen und nach 100 m nach rechts in den zur Burgruine führenden Weg laufen, der nach 150 m die Anlage erreicht
Nur zu besonderen Gelegenheiten geöffnete Burgruine
Informationen: 02631/958053 (Klaus Georg, Vorsitzender des Heimatvereins Altwied) – www.altwied.de

Andernach
B 9, Ausfahrt Andernach / Mayen ➢ Burgruine Andernach = 4 km
➢ B 9 in Höhe Andernach über die Ausfahrt Andernach / Mayen verlassen ➢ nach 250 m nach rechts (von Norden kommend) auf die B 256 in Richtung Andernach abbiegen ➢ nach 200 m Übergang in die K 47 ➢ nach 2 km nach links auf die L 121 (Koblenzer Straße) abbiegen ➢ nach 1,5 km unmittelbar vor der Burgruine nach rechts in die L 121 abbiegen (Hindenburgwall (verkehrsberuhigte Zone!) ➢ auf der linken Seite wenige Parkplätze
Offene, jederzeit zugängliche Burgruine.
Informationen: www.burgen-rlp.de (Andernach)

Arenfels
B 42, Ausfahrt Bad Hönningen ➢ Schloss Arenfels = 1,2 bzw. 2 km
➢ Von Norden kommend: B 42 über die Ausfahrt Bad Hönningen verlassen ➢ nach 300 m auf die K 2 (Hauptstraße) auffahren ➢ nach 250 m nach rechts in den Schlossweg abbiegen ➢ nach 150 m dem Schlossweg nach links folgen ➢ dem weiteren Verlauf des Schlosswegs folgen ➢ nach 400 m Übergang in die Straße Schloss Arenfels ➢ nach weiteren 100 m links im Schlossvorgelände abbiegen und nach Möglichkeit parken
➢ Von Süden kommend: B 42 über die Ausfahrt Bad Hönningen / Rheinbrohl verlassen ➢ nach 100 m nach links auf die K 2 abbiegen ➢ nach 1 km Übergang in die K 2 (Im Strang) ➢ nach 250 m Übergang in die L 257 (Rudolf-Buse-Straße) ➢ nach 300 m Übergang in den Friedhofsweg ➢ nach 150 m nach links auf die Straße Am Pfaffelter abbiegen ➢ nach 400 m nach rechts in den Schlossweg abbiegen ➢ dem weiteren Verlauf des Schlosswegs folgen ➢ danach wie von Norden kommend
Privatbesitz, Besichtigung nur von außen möglich

Brohleck
B 9 Ausfahrt Brohl-Lützing ➢ Burg Brohleck = 1 km
➢ Von Norden kommend: B 9 über die Ausfahrt Brohl-Lützing verlassen ➢ nach 200 m am Abfahrtsende auf dem Überflieger nach links auf die B 412 (Koblenzer Straße) abbiegen ➢ nach 200 m nach rechts in die Josef-Leusch-Straße abbiegen ➢ dem Straßenverlauf folgen und nach 250 m nach links in die Burgstraße abbiegen ➢ der Straße auf 50 m folgen und nach Möglichkeit parken ➢ Übergang in den Burgweg, der nach 200 m zur Anlage führt
➢ Von Süden kommend: B 9 über die Ausfahrt Brohl-Lützing verlassen ➢ nach 250 m Übergang auf die B 412 (Koblenzer Straße) ➢ danach wie von Norden kommend
Privatbesitz, Besichtigung nur von außen möglich

Dattenberg
B 42 Ausfahrt Dattenberg ➢ Burgruine Dattenberg = 1,2 km
➢ B 42 auf Höhe Dattenberg nach rechts (von Norden kommend) bzw. nach links (von Süden kommend) auf die K 10 in Richtung Dattenberg abfahren ➢ nach 1 km nach links auf die bergauf führende Zufahrtsstraße nach Dattenberg abbiegen ➢ nach 150 m (langsam fahren!) nach links in die Burgstraße fahren ➢ nach 100 m in Nähe des Burgbereichs nach Möglichkeit parken
Privatbesitz, Besichtigung nur von außen möglich
Informationen: Tel. 02644/603690 – www.jfw-burg-dattenberg.de

Drachenfels
B 42, Ausfahrt Königswinter ➢ Parkplatz Talstation Drachenfelsbahn = 1 km
➢ B 42 nach rechts über die Ausfahrt Königswinter verlassen ➢ nach 200 m geradeaus über die Kreuzung (von Norden kommend) bzw. nach 300 m nach rechts in die Ferdinand-Mülhens-Straße und nach weiteren 250 m nach links (von Süden kommend) in die Winzerstraße fahren ➢ nach 200 m aus der Kurve geradeaus (nicht nach rechts in die Bahnhofstraße!) in die Fortsetzung der Winzerstraße fahren ➢ nach 400 m nach rechts in die Drachenfelsstraße abbiegen ➢ nach 50 m nach rechts in die Straße Am Palastweiher und auf den Parkplatz fahren, dort parken ➢ von der 100 m in der Drachenfelsstraße bergauf gelegenen Talstation mit der Zahnradbahn über die Zwischenhaltestelle Schloss Drachenburg zu Bergstation und Restaurant Drachenfels fahren. Vom am Fuß des eigentlichen Burgfelsens gelegenen Restaurant Drachenfels führt ein Fußweg in 100 m bergauf zum äußeren Burgtor und in weiteren 100 m bis zur Oberburg.

➢ alternativ: von der Talstation aus auf markierter Fahrstraße und anschließendem Fußweg (2 km, 30-40 Minuten) zum Restaurant Drachenfels und von da zur Burgruine (200 m, 5 Minuten) laufen. Längerer und teilweise steiler Weg!
Offene, jederzeit zugängliche Burgruine
Restaurant unterhalb des Burgbergs (Tel. 02223/21935, www.der-drachenfels.de)
Informationen: Tel. 02223/92090 – www.drachenfelsbahn-koenigswinter.de (Zahnradbahn zum Drachenfels)

Ehrenbreitstein
B 42, Abzweigung Koblenz-Ehrenbreitstein ➢ Festung Ehrenbreitstein = 4 km
➢ von der B 42 in Koblenz-Ehrenbreitstein auf die L 127 (Charlottenstraße) in Richtung Koblenz-Arenberg abbiegen ➢ nach 200 m links abknickender Übergang in die Straße Obertal (noch immer L 127) ➢ dem Straßenverlauf für 2 km folgen ➢ an größerer Kreuzung (!) nach links in die Friesenstraße abbiegen ➢ nach 400 m am Straßenende nach links in die Straße Niederberger Höhe fahren ➢ dem Straßenverlauf 1,5 km folgen und dann auf dem Parkplatz unmittelbar vor der Festung parken
Großflächige Festungsanlage, die gegen Eintrittsgebühr zu besichtigen ist.
Auf dem Festungsgelände befinden sich das Landesmuseum Koblenz (zurzeit wegen Umbaus bis April 2011 geschlossen; Tel. 0261/6675-0 – www.landesmuseum-koblenz.de), die Jugendherberge Koblenz (bis Herbst 2010 wegen Umbaus geschlossen; Tel. 0261/972870 – www.diejugendherbergen.de) sowie ein Restaurant (Tel. 0261/9730916 – www.ferrari-koblenz.de), Öffnungszeiten: täglich von 6.30 – 23 Uhr
Informationen: Tel. 0261/6675-4000 – www.burgen-rlp.de (Ehrenbreitstein)

Endenich
B 9 Bonn, Abzweigung Reuterstraße ➢ Schloss Endenich = 4 km
➢ von der B 9 in Bonn (von Norden kommend) kurz vor der Unterführung rechts halten, über dieser parallel entlangfahren und nach 200 m am Bundeskanzlerplatz nach rechts auf die Reuterstraße in Richtung A 565 bzw. (von Süden kommend) kurz nach Bundeskunsthalle und Haus der Geschichte am Bundeskanzlerplatz auf die nach halblinks abknickende Reuterstraße in Richtung A 565 fahren ➢ nach 2 km unmittelbar vor Zufahrt zur A 565 nach rechts in die Straße Am Botanischen Garten abbiegen (schmale Straße!) ➢ nach 250 m an der Kreuzung nach links in die Clemens-August-Straße abbiegen ➢ nach 250 m nach rechts in die Sebastianstraße fahren ➢ nach 900 m Übergang in die Magdalenenstraße ➢ nach 200 m im Kreisverkehr zweite Ausfahrt in die Pastoratsgasse nehmen ➢ nach 80 m geradeaus in die Straße Am Cöllenhof fahren ➢ nach 80 m am Straßenende nach rechts in die Straße Am Burggraben abbiegen und dort nach Möglichkeit gegenüber Burg/Schloss Endenich parken
Besichtigung des Hofs zur Tageszeit möglich
Von verschiedenen Institutionen, darunter der Stadtteilbibliothek Bonn-Endenich (Tel. 0228/772320), und als Privatwohnungen genutzte Anlage

Engers (Kunostein)
B 42 Ausfahrt Neuwied-Engers ➢ Schloss Engers = 1,7 km
➢ B 42 über die Ausfahrt Neuwied-Engers verlassen und (von Norden kommend) nach 250 m nach rechts bzw. (von Süden kommend) nach 200 m nach rechts und dann 150 m geradeaus auf die/der K 114 (Weiser Straße) fahren ➢ dem Straßenverlauf für 900 m immer geradeaus folgen ➢ am Straßenende nach links auf die L 307 (Bendorfer Straße) abbiegen ➢ nach 200 m nach rechts in die Jakobstraße fahren ➢ nach 150 m auf Parkplatz rechter Hand parken ➢ von dort rechter Hand in die Martinskirchstraße laufen, die nach 150 m auf dem Schlossplatz endet

Besichtigung gegen Eintrittsgebühr möglich
Für Veranstaltungen der hier ansässigen Stiftung Villa Musica Rheinland-Pfalz und als Restaurant genutzte Schlossanlage
Öffnungszeiten: 11-17 Uhr an Sonn- und Feiertagen, ansonsten nach Voranmeldung. Führungen nach Absprache
Informationen: Tel. 02622/9264265 – www.schloss-engers.de

Godesburg
B 9 Bonn-Bad Godesberg, Abzweigungen Bad Godesberg ➢ Burgruine Godesburg = 1,5 bzw. 2 km
➢ (Von Norden kommend) B 9 kurz nach Einfahrt in den Straßentunnel von Bad Godesberg rechter Hand in Richtung Bad Godesberg wieder verlassen und auf die Bonner Straße fahren ➢ nach 550 m nach rechts auf die L 158 (Bonner Straße, dann Burgstraße) abbiegen ➢ nach 400 m nach rechts in die Winterstraße fahren ➢ nach 100 m nach rechts in die Straße Auf dem Godesberg fahren ➢ der Straße folgen, die nach 300 m zum unmittelbar unterhalb der Burg gelegenen Parkplatz führt
➢ (Von Süden kommend) B 9 in Bad Godesberg folgen und nach dem Überflieger nicht in den Straßentunnel fahren, sondern rechts vorbei der Koblenzer Straße folgen ➢ nach 550 m nach rechts in die Löbestraße abbiegen ➢ nach 150 m erste Möglichkeit nach links in die Moltkestraße fahren ➢ nach 500 m nach links auf die L 158 (Bonner Straße, dann Burgstraße abbiegen) ➢ danach wie von Norden kommend
Besichtigung des Burghofs jederzeit möglich
Teilweise als Restaurant genutzte Burgruine. An der Auffahrt zur Burg liegt die Michaelskapelle
Öffnungszeiten Bergfried mit Ausstellung: 1. April – 31. Oktober Mi-So von 9-18 Uhr
Öffnungszeiten Michaelskapelle: 1. Mai – 31. Oktober täglich von 10-18 Uhr
Informationen: Tel. 0228/316071 – www.godesburg-bonn.de

Grenzau
B 42 Ausfahrt A 48 ➢ Burgruine Grenzau = 11 km
➢ Von der B 42 auf den Zubringer zur A 48 in Richtung Köln/Frankfurt am Main abbiegen ➢ nach 700 m (von Norden kommend) bzw. 500 m (von Süden kommend) Auffahrt auf die A 48 ➢ nach 8 km die A 48 über die Ausfahrt Höhr-Grenzhausen verlassen ➢ nach 300 m nach links auf die L 310 (Paul-Viehmann-Straße) fahren ➢ nach 100 m im Kreisverkehr die erste Ausfahrt benützen und auf die L 307 (Schillerstraße) fahren ➢ nach 550 m nach rechts auf die K 116 (Am Zoll, später Burgstraße) abbiegen ➢ nach 1,1 km im Stadtteil Grenzau nach links fahren, um auf der Burgstraße zu bleiben ➢ nach 200 m linker Hand parken ➢ dem Straßenverlauf zu Fuß 250 m folgen und dann nach links in den Fußweg abbiegen, der in 50 m zur Burgruine führt
Privatbesitz, Öffnungszeiten: 1. April – 31. Oktober Sa/So 11-13 Uhr

Hammerstein
B 42 Höhe Niederhammerstein, Burgweg ➢ Burgruine Hammerstein = 1 km (steile und teils unwegsame Strecke!)
➢ Von der B 42 in Niederhammerstein nach links (von Norden kommend) bzw. nach rechts (von Süden kommend) in den Burgweg abbiegen und auf dem unmittelbar danach folgenden Gelände parken ➢ dem Verlauf des Burgwegs bergauf folgen (nach 150 m Übergang in Feldweg) ➢ nach 300 m Feldweg nach rechts folgen ➢ nach 350 m nach rechts laufen ➢ nach 100 m an Wegbiegung geradeaus den geradeaus zur Burgruine führenden Pfad benutzen, der in 200 m die Anlage erreicht
Offene, jederzeit zugängliche Burgruine

Isenburg
B 42 Ausfahrt Neuwied-Engers bzw. Ausfahrt Dierdorf/Bendorf/Sayn ➤ Burgruine Isenburg = 9,5 km
➤ (Von Norden kommend) B 42 über die Ausfahrt Neuwied-Engers verlassen ➤ nach 250 m nach rechts auf die K 114 (Weiser Straße) abbiegen ➤ nach 450 m nach links auf die L 262 (Sayner Landstraße) fahren ➤ nach 450 m der L 262 (Sayner Landstraße, später Engerser Landstraße) nach links folgen ➤ nach 1,5 km nach links auf die B 416 (Koblenz-Olper-Straße) abbiegen ➤ nach 6,5 km in Isenburg in die zweite Straße auf der linken Seite (Hintertal) fahren ➤ nach 100 m rechts halten und in die Straße Große Luft abbiegen ➤ nach 250 m nach rechts in den Kutschenweg (Einbahnstraße!) fahren und dortigen Parkplatz benutzen (bei Abfahrt Kutschenweg im weiteren Verlauf folgen, um erneut auf die B 416 zu gelangen) ➤ vom Parkplatz führt ein Fußweg von 150 m Länge bergauf zur Burgruine
➤ (Von Süden kommend) B 42 über die Ausfahrt Dierdorf/Bendorf/Sayn verlassen ➤ rechts halten und nach 100 m auf die L 307 (Engerser Straße) auffahren ➤ nach 100 m im Kreisverkehr dritte Ausfahrt auf die Ringstraße nehmen ➤ dem Verlauf der Ringstraße (später Alter Weg) folgen ➤ nach 500 m links halten und auf die B 413 (Hauptstraße) fahren ➤ der B 413 auf einer Länge von 8 km bis nach Isenburg folgen ➤ danach wie von Norden kommend
Offene, jederzeit zugängliche Burgruine
Informationen: Tel. 02601/3461 (Matthias Herzog, Vorsitzender des Freundeskreises der Isenburg e.V.) – www.freundeskreis-isenburg.de

Landskron
B 9 Ausfahrt Altenahr/Bad Neuenahr-Ahrweiler ➤ Burgruine Landskron = 8 km
➤ B 9 über die Ausfahrt Altenahr/Bad Neuenahr-Ahrweiler verlassen ➤ nach 250 m (von Norden kommend) rechts am Kreisverkehr vorbeifahren bzw. (von Süden kommend) in den Kreisverkehr einfahren und die zweite Ausfahrt benutzen, um auf die B 266 zu gelangen ➤ dem weiteren Verlauf der B 266 folgen ➤ nach 5 km in Lohrsdorf Übergang in die L 80 (Sinziger Straße, später Landskroner Straße) und geradeaus in Richtung Heppingen fahren ➤ nach 1,5 km in Heppingen nach rechts auf die L 80 (Burgstraße, später Bonner Straße) abbiegen ➤ nach 150 m kurz hinter dem Ortseingangsschild von Bad Neuenahr-Ahrweiler, Stadtteil Gimmigen nach Möglichkeit parken ➤ dem unmittelbar hinter dem Ortsschild bergauf führenden Wanderweg (Markierung: schwarzes Dreieck auf weißem Grund, später auch: MK II) ➤ nach serpentinenreichem Aufstieg von 1 km Länge nach rechts den zur ehemaligen Burgkapelle führenden Weg nehmen ➤ nach wenigen Metern den (vor der Kapelle!) auf der linken Seite bergauf führenden Fußweg benutzen ➤ nach 100 m am Ende dieses Wegs nach rechts auf zur Burgruine führenden Weg abbiegen, der nach 100 m das äußerste Burgtor erreicht.
Offene, jederzeit zugängliche Burgruine

Linz
B 42 Linz, Abzweigung Parkplatz Burg Linz ➤ Burg Linz = 150 m
➤ In Linz am Rhein 100 m nach (!) der Abzweigung zur L 253 in Richtung Asbach/Ockenfels nach links (von Norden kommend) bzw. auf Höhe der Einmündung zur Fähre nach Sinzig/Remagen nach rechts (von Süden kommend) auf die Fahrstraße zum Parkplatz vor der Burg abbiegen und die Eisenbahntrasse unterqueren ➤ nach 150 m Parkplatz unmittelbar vor der Burg, dort parken ➤ Anlage auf der linken Seite umrunden, um zu einem der beiden Eingänge zu gelangen
Burghof zu den Öffnungszeiten des Restaurants zugänglich

Literaturhinweise

Martin ZEILLER (Textautor) u. Matthäus MERIAN D.Ä. (Bildautor), Topographia archiepiscopatum Moguntinensis, Treuirensis et Coloniensis. Das ist Beschreibung der vornembsten Stätt und Plätz, in denen Ertzbistumen Maynz, Trier und Cöln, Frankfurt am Main 1646; 2., [verm.] Ausg. ebd. 1675.

Jul[ius] WEGELER, Die Burg Rheineck, ihre Grafen und Burggrafen. Ein Beitrag zur Special-Geschichte der Rheinlande, Coblenz 1852.

Die Bau- und Kunstdenkmäler des Regierungsbezirks Coblenz, beschr. u. zus.gest. v. Paul LEHFELDT, Düsseldorf 1886.

Die Kunstdenkmäler der Stadt und des Kreises Bonn (Die Kunstdenkmäler der Rheinprovinz, Bd. 5/3), bearb. v. Paul CLEMEN, Düsseldorf 1905. – Die Kunstdenkmäler des Siegkreises (Die Kunstdenkmäler der Rheinprovinz, Bd. 5/4), bearb. v. Edmund RENARD, Düsseldorf 1907. – Die Kunstdenkmäler des Kreises Ahrweiler (Die Kunstdenkmäler der Rheinprovinz, Bd. 17/1), bearb. v. Joachim GERHARDT, Heinrich NEU, Edmund RENARD u. Albert VERBEEK, Düsseldorf 1938. – Die Kunstdenkmäler des Kreises Neuwied (Die Kunstdenkmäler der Rheinprovinz, Bd. 16/2), bearb. v. Heinrich NEU u. Hans WEIGERT m. Beitr. v. Karl H. WAGNER, Düsseldorf 1940. – Die Kunstdenkmäler des Kreises Mayen (Die Kunstdenkmäler der Rheinprovinz, Bd. 17/2), 2 Halbbde., bearb. v. Hanna ADENAUER, Josef BUSLEY u. Heinrich NEU, Düsseldorf 1941/43. – Die Kunstdenkmäler des Landkreises Koblenz (Die Kunstdenkmäler der Rheinprovinz, Bd. 16/3), bearb. v. Hans E. KUBACH, Fritz MICHEL u. Hermann SCHNITZLER, Düsseldorf 1944. – Die Kunstdenkmäler der Stadt Koblenz. Die profanen Denkmäler und die Vororte (Die Kunstdenkmäler von Rheinland-Pfalz, Bd. 1), bearb. v. Fritz MICHEL, München 1954.

Heinrich J. LANGEN, Burg zur Leyen bei Linz am Rhein, Köln 1927.

Wend KALNEIN, Das kurfürstliche Schloss Clemensruhe in Poppelsdorf. Ein Beitrag zu den deutsch-französischen Beziehungen im 18. Jahrhundert (Bonner Beiträge zur Kunstwissenschaft, 4), Düsseldorf 1956.

Hellmuth GENSICKE, Landesgeschichte des Westerwaldes (Veröffentlichungen der Historischen Kommission für Nassau, 13), Wiesbaden 1959 [2., um ein Vorwort erg. ND ebd. 1987].

Udo LIESSEM, Baugeschichtliche Beobachtungen an einigen stauferzeitlichen Burgen in der Region Koblenz, in: Burgen und Schlösser 18, 1977, S. 29-47.

Sayn. Ort und Fürstenhaus, hrsg. v. Alexander ZU SAYN-WITTGENSTEIN-SAYN, Bendorf-Sayn 1979.

Volker RÖDEL, Die Entstehung der Herrschaft Landskron, in: Jahrbuch für westdeutsche Landesgeschichte 6, 1980, S. 54-67.

Udo LIESSEM, Bemerkungen zur Baugeschichte von Burg Rennenberg über Linz und Notizen zur Ehrenburg bei Brodenbach, in: Burgen und Schlösser 21, 1980, S. 29-34.

Rheinland's Schlösser und Burgen in naturgetreuen, künstlerisch ausgeführten, farbigen Darstellungen nebst begleitendem Text, hrsg. v. Alexander DUNCKER, unv. ND u. Kommentarbd. zur Originalausg. Berlin 1857-1883 (Publikationen der Gesellschaft für Rheinische Geschichtskunde, 62), hrsg. v. Wilfried HANSMANN, Düsseldorf 1981.

Udo LIESSEM, Die Burgen und Schloß Sayn, in: Franz H. KEMP u. Udo LIESSEM unter Mitarb. v. Dietrich SCHABOW, Bendorf-Sayn (Rheinische Kunststätten, H. 294), Neuss 1984, S. 4-15.

Hans SPIEGEL, Chronik der Burg Grenzau, in: Burgen und Schlösser 25, 1984, S. 22-52.

Udo LIESSEM, Bemerkungen zur Burg Ehrenbreitstein im Mittelalter bei besonderer Berücksichtigung der Baugeschichte, in: Beiträge zur Rheinkunde 39, 1987, S. 68-83.

Ulrike WIRTLER, Spätmittelalterliche Repräsentationsräume auf Burgen im Rhein-Lahn-Mosel-Gebiet (33. Veröffentlichung der Abteilung Architektur des Kunsthistorischen Instituts der Universität zu Köln), Köln 1987.

Udo LIESSEM, Bemerkungen zur frühen Baugeschichte der Burg zu Andernach, in: Andernach und Köln 1167-1367 (Andernacher Beiträge, 4), hrsg. v. Klaus SCHÄFER, Andernach 1988, S. 85-100.

Christofer HERRMANN, Wohntürme des späten Mittelalters auf Burgen im Rhein-Mosel-Gebiet (Veröffentlichungen der Deutschen Burgenvereinigung, Reihe A, Bd. 2), Espelkamp 1995.

Paul-Georg CUSTODIS u. Jan MEISSNER, Burg Namedy in Andernach (Rheinische Kunststätten, H. 420), Köln 1996.

Hartmut G. URBAN, Gewölbe im Burgenbau des Mittelrheingebiets (Veröffentlichungen der Deutschen Burgenvereinigung, Reihe A, Bd. 4), Braubach 1997.

Peter BROMMER, Achim KRÜMMEL u. Kristine WERNER, Momentaufnahmen. Burgen am Mittelrhein in alten Zeichnungen und neuen Fotografien, Koblenz 2000.

Agnes MENACHER u. Matthias RÖCKE, Das Sinziger Schloss (Rheinische Kunststätten, H. 470), Neuss 2002.

Eugen WASSER, Isenburg und die Isenburger. 900 Jahre Dorfgeschichte, Horb am Neckar 2002.

Jan MEISSNER u. Jörg RESTORFF, Schloss Engers (Edition Burgen, Schlösser, Altertümer Rheinland-Pfalz, Führungsheft 22), Regensburg 2003.

Manfred BÖCKLING, Festung Ehrenbreitstein (Edition Burgen, Schlösser, Altertümer Rheinland-Pfalz, Führungsheft 17), Regensburg 2004.

Lorenz FRANK, Der Bergfried der Burgruine Grenzau. Neue Beobachtungen zur Baugeschichte, in: Burgen und Schlösser 45, 2004, S. 98-103.

Marlene NIKOLAY-PANTER, Dienst und Herrschaft. Burg und Herrschaft Landskron vornehmlich im 14. Jahrhundert, in: Rheinische Vierteljahrsblätter 69, 2005, S. 70-103.

Heiko LASS, Der Rhein. Burgen und Schlösser von Mainz bis Köln (Burgen – Schlösser – Herrensitze, Bd. 1), Petersberg 2005.

Paul-Georg CUSTODIS, Schloss Arenfels bei Bad Hönningen am Rhein (Rheinische Kunststätten, H. 486), Neuss 2005.

Neue Forschungen zur Festung Koblenz und Ehrenbreitstein, hrsg. v. Burgen, Schlösser, Altertümer Rheinland-Pfalz u. d. Deutschen Gesellschaft für Festungsforschung: Bd. 1, 2., überarb. Aufl. Regensburg 2005. - Bd. 2, ebd. 2006.

Alexander THON, Vom Mittelrhein in die Pfalz. Zur Vorgeschichte des Transfers der Reichsinsignien von Burg Hammerstein nach Burg Trifels im Jahre 1125, in: Jahrbuch für westdeutsche Landesgeschichte 32, 2006, S. 35-74.

Engers. Der Ort. Seine Geschichte, hrsg. v. Arbeitskreis 650 Jahre Stadtrechte Engers, Horb am Neckar 2007.

Alexander THON u. Ansgar S. KLEIN, Burgruine Drachenfels (Schnell, Kunstführer, Nr. 2651) Regensburg 2007.

Günther GRIES, Die Burg Wernerseck, in: Festbuch zum 150-jährigen Jubiläum der Verbandsgemeinde Pellenz 1858-2008, hrsg. v. d. Verbandsgemeindeverwaltung Pellenz, Andernach 2008, S. 80-114.

Tanja POTTHOFF, Die Godesburg – Archäologie und Baugeschichte einer kurkölnischen Burg, Diss. phil. München 2009.

Günther STANZL, Neue Untersuchungen zur Burg Wernerseck in der Eifel, in: Burgenbau im späten Mittelalter II (Forschungen zu Burgen und Schlössern, Bd. 12), hrsg. v. d. Wartburg-Gesellschaft zur Erforschung von Burgen und Schlössern in Verb. mit d. Germanischen Nationalmuseum, München 2009, S. 95-110.

Ansgar S. KLEIN u. Alexander THON, Remagen. Burgruine Rolandseck mit Rolandsbogen (Schnell, Kunstführer Nr. 2731), Regensburg 2009.
Stefan ULRICH, Die Baugeschichte der Burg Altwied, ersch. in: Burgen und Schlösser 51, 2010.
Alexander THON, Rheineck, Burggrafen von, in: Höfe und Residenzen im spätmittelalterlichen Reich, Bd, 4: Grafen und Herren (Residenzenforschung, Bd. 15/4), hrsg. v. Werner PARAVICINI, ersch. Ostfildern 2010.

Abbildungsnachweis

Das Ahrtal. Malerische Ansichten in malerischen Ansichten, Bonn o.J. [um 1850], Taf. 2 (S. 96u); BROMMER/KRÜMMEL/WERNER 2000 (vgl. Literatur), S. 123 (S. 113), S. 177 (S. 159); Collection de cinquante vues du Rhin les plus intéressantes et les plus pittoresques (...), Wien 1798, Taf. 25 (S. 28); Bodo EBHARDT, Schloß Arienfels bei Hönningen am Rhein. Der Bau und seine Geschichte, Marksburg b. Braubach a. Rhein 1932, Abb. 23, S. 6 (32u); Erinnerungen an die Rheingegenden in zwölf malerischen Ansichten, Frankfurt am Main 1826, Taf. 10 (S. 30); Hans A. Fichtl, Neuwied (S. 85); Fürstlich Wiedisches Archiv, Neuwied, K 16 (S. 20); Generaldirektion Kulturelles Erbe Rheinland-Pfalz, Direktion Landesdenkmalpflege, Mainz, Fotosammlung (S. 98), ebd., Plansammlung (S. 100u); Helicolor-Luftbild/Robert Peters, St. Augustin (Umschlagvorderseite, S. 12o, 18o, 26o, 32o, 38o, 42o, 46o, 54o, 60o, 64o, 68o, 74o, 80o, 88o, 94o, 100o, 104o, 110o, 116o, 120o, 124o, 128u, 132o, 138o, 142o, 148o, 152o, 156o); Franz u. Abraham HOGENBERG, Geschichtsblätter, hrsg. u. eingel. v. Fritz HELLWIG, Nördlingen 1983, Nr. 250 [Folge IX, Nr. 63] (S. 123), Nr. 251 [= Folge IX, Nr. 64] (S. 71); L[ouis] HYMANS, Le Rhin monumental et pittoresque, 2 Bde., Bruxelles/Gand/Leipzig o.J. [1854], hier Bd. 1, Taf. 4 (S. 73); Illustrations of the Rhine, London o.J. [1822-26], Bl. 8 (S. 6); KLEIN/THON 2009 (vgl. Literatur), S. 4 (S. 140); Kreisverwaltung des Rhein-Sieg-Kreises, Siegburg, Katasterabteilung, Archiv (S. 106); Kunstdenkmäler Ahrweiler 1938 (vgl. Literatur), Abb. 36, S. 403 (S. 94u), Abb. 562, S. 641 (S. 15); Kunstdenkmäler Bonn 1905 (vgl. Literatur), Fig. 160, S. 244 (S. 120u); Kunstdenkmäler Mayen 1941/43 (vgl. Literatur), Abb. 288, S. 355 (S. 110u), Abb. 311, S. 388 (S. 156u); Kunstdenkmäler Neuwied 1940 (vgl. Literatur), Abb. 163, S. 190 (S. 88u), Abb. 319, S. 354 (S. 130); Die ländlichen Wohnsitze, Schlösser und Residenzen der ritterschaftlichen Grundbesitzer in der preussischen Monarchie (...), hrsg. v. Alexander DUNCKER, Bd. 5, Berlin 1862/63, Bl. 247 (S. 150), Bd. 10, Berlin 1867/68, Bl. 543 (S. 62), Bd. 13, Berlin 1873/74, Bl. 742 (S. 16); LANGEN 1927 (vgl. Literatur), S. 69 (S. 116u); Ulrich Liebsch, Brohl-Lützing (38u, 40); Udo LIESSEM, Zur Baugeschichte von Burg Sayn, in: Sayn 1979 (vgl. Literatur), S. 37-50, hier S. 41 (S. 146); LIESSEM 1984 (vgl. Literatur), Abb. 8, S. 8f. (S. 142u); Die Löwenburg im Siebengebirge. Festschrift anlässlich der Fertigstellung der Konservierungsarbeiten im August 1985, hrsg. v. d. Firma b+s Bau GmbH, Königswinter 1985, S. 25 (S. 104u); Mahlerische-Reise (sic!) am Nieder-Rhein (...), 3 H., Köln/Nürnberg 1784-89, hier H. 2, 1785, Taf. 4, nach S. 48 (S. 21); Malerisches Rhein-Album, Frankfurt am Main o.J. [um 1855], Taf. 18 (S. 135); Daniel MEISNER,

Thesaurus philo-politicus. Das ist: Politisches Schatzkästlein guter Herzen unnd bestendiger Freund, 2 Bde., Frankfurt am Main 1623-1631, hier Bd. 2, ebd. 1629, B. 4, Nr. 22 (S. 84); Meissner/Restorff 2003 (vgl. Literatur), S. 14 (S. 64u); Heimatmuseum der Stadt Sinzig (S. 154); Fritz Michel, Der Ehrenbreitstein, Koblenz o.J. [1933], Abb. 49, nach S. 84 (S. 54o); Mittelrhein-Museum, Koblenz, Inv.-Nr. 1959/25, Nr. 74, Bl. 63o (S. 112), Nr. 168, Bl. 120u (S. 136); Sebastian Münster, Cosmographei oder beschreibung aller länder, herschafften, fürnemsten stetten, geschichten, gebreuchen, hantierungen etc. (...), 3., gemehrte u. gebesserte Ausg. Basel 1550, S. 608f. (S. 58); Wolfgang Pierdolla, Neuwied (S. 44); Potthoff 2009 (vgl. Literatur), Abb. 3, S. 149 (S. 68u); J[ohann] St. Reck, Geschichte der gräflichen und fürstlichen Häuser Isenburg, Runkel, Wied (...), Weimar 1825, nach S. 30 (S. 91), nach S. 36 (S. 22), nach S. 56 (S. 76); Der Rhein und die Rheinlande dargestellt in malerischen Originalansichten, Abt. 2, Darmstadt 1842-47, nach S. 236 (S. 49); Die Rheingegend von Mainz bis Düsseldorf, Bonn o.J. [um 1850], Taf. 39 (S. 144), Taf. 45 (S. 34); Rheinisches Album. Eine Sammlung der interessantesten Ansichten des Rheins zwischen Mainz, Coblenz, Cöln und Düsseldorf, Tl. 4: Album des Rheins, Taf. 46 (S. 36), Taf. 48 (S. 118); Rheinland-Pfalz. Saarland (Georg Dehio, Handbuch der deutschen Kunstdenkmäler), bearb. v. Hans Caspary, Wolfgang Götz u. Ekkart Klinge, 2., v. Hans Caspary, Peter Karn u. Martin Klewitz überarb. u. erw. Aufl. München 1984, S. 25 (26u); Rhenströmmen från Cöln till Mainz, Stockholm 1837, Taf. 2 (S. 4); Norbert Schlossmacher, Michaelskapelle und Marienkirche in Bonn-Bad Godesberg (Rheinische Kunststätten, H. 454), Neuss 2000, S. 5 (S. 70); Schöne alte Karten aus den Rheinlanden und Westfalen 1536-1806, hrsg. v. Hans J. Behr unter Mitwirk. v. Franz-Josef Heyen u. Wilhelm Janssen, Düsseldorf 1984, Bl. 3 (S. 96o); Spiegel 1984 (vgl. Literatur), Abb. 11, S. 32 (S. 78), Abb. 18, S. 35 (S. 74u); Stadtarchiv Bonn, Bonn, Kar 3276 (S. 122); Stadtarchiv Linz (S. 103); Alexander Thon, Lahnstein (S. 9, 14, 17, 23-25, 29, 31, 35, 37, 41, 45, 50-52, 63, 72, 77, 79, 86f., 92f., 97, 99, 107-109, 114f., 119, 126f., 131, 137, 141, 145, 147, 151, 155, 160f.); Thon 2006 (vgl. Literatur), Abb. 22, S. 65 (S. 80u); Thon/Klein 2007 (vgl. Literatur), S. 19 (S. 46u); Tombleson's Views of the Rhine. Vues du Rhin. Rhein Ansichten, hrsg. v. William G. Fearnside, London 1832, [Taf. 19], nach S. 96 (S. 134); Stefan Ulrich, Homburg / Markus Schindler, Homburg (S. 12u, 18u, 42u, 60u, 124u, 128u, 132u, 138u, 148u, 152u); Urkunden und Regesten zur Geschichte der Burggrafen und Freiherren von Hammerstein, bearb. u. hrsg. v. Emil von Hammerstein-Gesmold, Hannover 1891, Taf. 1, nach S. 841, Nr. 1 (S. 83u); Views on the continent, chiefly on the Rhine and tributaries, London 1849, Titelblatt (S. 2); Views taken on and near the river Rhine, at Aix La Chapelle, and on the river Maese, o.O. [London] 1791, Taf. 21, nach S. 106 (S. 59); Wasser 2002 (vgl. Literatur), Kartenbeil. (S. 90); Wenzel Hollar 1607-1677. Reisebilder vom Rhein. Städte und Burgen am Mittelrhein in Zeichnungen und Radierungen, hrsg. v. Berthold Roland, Mainz 1987, Kat. Nr. 17, S. 63 (S. 102), Nr. 22, S. 68 (S. 66f.), Nr. 27, S. 73 (S. 56f.); Ph[ilipp] Wirtgen, Die Eifel in Bildern und Darstellungen. Natur, Geschichte, Sage, 2 Tle., Bonn 1864/66, hier Tl. 1, ebd. 1864, nach S. 32 (S. 158); Zeiller/Merian d.Ä. 1646 (vgl. Literatur), nach S. 48 (S. 82f.), nach S. 52 (S. 48)